凤凰师轩
FENGHUANG SHIXUAN

行知工程
教师必读系列

CHENGWEI HAOJIAOSHIDE
QIXIANG XIULIAN

成为好教师的7项修炼

王福强 李维华 著

江蘇教育出版社

图书在版编目（CIP）数据

成为好教师的7项修炼/王福强，李维华著. —南京：江苏教育出版社，2014.2

ISBN 978-7-5499-3823-0

Ⅰ.①成… Ⅱ.①王…②李… Ⅲ.①中小学—师资培养 Ⅳ.①G635.1

中国版本图书馆CIP数据核字（2014）第030753号

书　　名	成为好教师的7项修炼
作　　者	王福强　李维华
责任编辑	雷利军　王　莹
出版发行	凤凰出版传媒股份有限公司 江苏教育出版社（南京市湖南路1号A楼　邮编210009）
苏教网址	http：//www.1088.com.cn
照　　排	润星之源文化有限公司
印　　刷	三河市华润印刷有限公司
厂　　址	河北省三河市杨庄镇杨庄村
开　　本	787毫米×1092毫米　1/16
印　　张	15.75
字　　数	242千字
版　　次	2014年2月第1版　2014年2月第1次印刷
书　　号	ISBN 978-7-5499-3823-0
定　　价	30.00元
网店地址	http：//jsfhjy.taobao.com
邮购电话	025-85406265，85400774　短信　02585420909
E-mail	jsep@vip.163.com
盗版举报	025-83658579

序　言

教育就是一个美丽的梦想

有时候，我的脑子里总会冒出这样一个莫名其妙的想法：在这个世界上，或许真的存在被人们称之为“命运”的东西，看不见，摸不着，却实实在在地左右着每个人的一生。而我与教育的结缘，就分明透露着“宿命”的味道……

从儿时起，我就与“教师”这个职业结下了不解之缘。记得我上小学一二年级的时候，那时我的姑姑在临村当幼儿园教师，只要一没课我就跑到姑姑的学校里，有模有样地站在讲台上，充当起“小教书先生”。后来，年纪大了一些，因为学习成绩好，我的老师便常常把整个班级交给我这个“代课老师”，全权负责我的那些淘气的“师兄师弟”“师姐师妹”的学习，而他们，往往在我的“管教”下变得格外“乖巧”。或许就是从那个时候起，我的内心深处就已播下了“教师”这粒神奇的种子。1985年，我初中毕业，全然不顾中考时自己在全县位列三甲的成绩，毅然选择了去师范学校读书。

多年以后的一天，见到我的初中班主任，他仍对我当初的选择面露遗憾：要是你选择上重点高中，名牌大学非你莫属！或许有着更光辉的前途呢！

而我，则淡然地摇摇头，用微笑回答了他：我不后悔！

我不后悔！真的，这是我的心里话。回首自己走过的这25年，我一直沉醉于瑰丽的“教育梦”之中，沉醉于“传道、授业、解惑”的快乐之中。在这条路上，我经历过坎坷，也经历过挫折，有过痛苦，也有过泪水，但更多的是幸福和快乐！

我无法忘记，1988年8月，我孑然一身，来到一所偏僻的农村小学，在一个简陋得不能再简陋的宿舍里安了家，开始了我的教师生涯。年轻的我踌躇满志，丝毫没有为眼前的困苦所打倒。在那里，我用那架破旧的风琴为孩子们弹响了《让我们荡起双桨》；在那里，我的学生们有史以来第一次组队参加了镇里举办的运动会；在那里，我的第一篇写在白纸上（那是从白报本上随意撕下的几张纸，那时候竟然不知道写论文要写在稿纸上）的教学论文变成了铅字，刊登在《河北教育》杂志上，让我觉得离外面的世界并不遥远……

我无法忘记，一个阴错阳差的机会，让我最终选择了中学语文，并将我的一生“贡献”给语文教育。在炎热的夏天，即将要退休的教研员王安硕老师，连续一周听我的课，在安静的校园里和我彻夜长谈，鼓励我“舍弃”文学梦，踏踏实实地在教学改革的路上留下自己的脚印……

我无法忘记，尚显稚嫩的我，在公开课的课堂上，那次自信而充满智慧的教学，为我赢得了100多名听课教师经久不息的掌声；我无法忘记，渐渐成熟的我，在教育部新课程骨干教师培训中，与来自全国的同行们，争论得面红耳赤……

我无法忘记，越来越多的学生习作得以发表，越来越多的学生充满了自信，越来越多的学生走出校园，走上各个行业，做出了突出的业绩。当他们相约来看望我的时候，我的内心便一次次充盈了激动和满足……

我无法忘记，那么多的前辈，给了我巨大的帮助和支持。宁鸿彬老师曾在信中对我谆谆教导，北京师范大学刘锡庆教授曾多次与我倾心相谈，李镇西老师通过电子邮件为我指点迷津，《语文教学之友》杂志主编戚万君先生为我多次修改我的第一篇语文专业论文，而已经退休的市教研员董永生老师更是在我最困难的时候，为我排忧解难……

我无法忘记，从2002年起，我走上了教学副校长的岗位，开始了教学管理的旅程，让我得以从不同角度去思考教育，思考学校。一晃就是10年，在这个更大的舞台上，我得到了更多的历练，也收获了更多……

积土而为山，积水而为海。多年的努力换来了丰硕的成果：全国中语会“先进工作者”，河北省骨干教师，廊坊市优秀教师、优秀教研员、“十佳”教师；三十余篇专业论文在国家级、省级刊物上发表，出版《用心做教师——青年教师快速成长的十大定律》《经营你的课堂——打造高效课堂的九项修炼》《用心做教研——一线教师最需要的教研策略》《成功家教的黄金法则》等教育专著，参与编写《作文导航》（开明出版社）、河北省初中语文《乡土教材》（河北教育出版社）等书籍；出版音像作品《驾驭课堂的艺术》，在全国发行；多次主持省市级课题并获科研成果奖，编写校本教材《打开学习大门的金钥匙》《成长的岁月》等，获得好评。与此同时，我的管理经验也逐渐产生了重要影响。近几年来，我多次为河北省国培计划培训班、骨干教师培训班、新教师培训班讲课，并先后应邀到河南、山西、陕西、武汉等省市和廊坊的一些区县讲学，并多次为廊坊市校长培训班讲课。我所作的《做优秀教师，享幸福人生》《做一个幸福的教师》《向四十五分钟要质量》《走上教学研究的道路》《教师的教育科研之路》《做一个用心经营的管理者》等专题报告，多达四十余场，反响强烈，被人们誉为“专家型校长”。

在不懈的耕耘中，我品尝着教育的幸福；在不断充实和完善自我中，我把学生送上幸福的彼岸。我热爱教师这个行业，我的汗水换来了一次又一次的鲜花、奖状、掌声，还有家长的赞许和学生敬佩的目光。我为这一切而深深陶醉。

我也曾有过困惑。教师工作，异常辛苦；教师生活，清贫而拮据，但我无悔于自己的选择！因为我知道，无论是在过去，还是在现在，抑或是将来，无论是在物质贫乏的年代，还是在物欲横流的时代，仍然有数不尽的教师无怨无悔，用自己的青春和生命来捍卫这一职业的圣洁。每个人的人生之旅中，总需要有人替他点燃知识和信念的灯盏。于是，教师便将自己孜孜不倦、挑灯伏案的背影定格在每一个学生心中。教师是淡泊的，是清贫的。也许，唯有这淡泊清贫的人生才是最生动、最富有、最灿烂辉煌的。我把自己的思考化为文字，就是为我的同行们搭建一个交流的平台。我最想说就是：虽然我们不一定能成为教育家，但做一名优秀的教师，应该是我们做教师的毕生追求。

教育让我收获成功，我也将用自己的血汗回报教育。我的一生，将注定是左肩担着我爱的学生，右肩担着我爱的课堂。我会执着坚韧地挑起“教育梦”，去追求自己完美的人生。

目录

Contents

第一篇　等闲识得东风面，万紫千红总是春

——让我们抵达教育的本质

在我们的教育中，掺杂了太多成人世界的功利与世俗观念，如此，孩子们原本纯净无瑕的心灵便被玷污了，他们从小就学会了谋求利益的“讨好”“出卖”“超值交换”等生活“诀窍”，越来越自私势利、目光短浅、心胸狭隘、不堪一击，越来越以自我为中心，无视世界、亲人的存在。试问：这样的人，未来能够幸福吗？

第二篇　采得百花成蜜后，为谁辛苦为谁甜
——让学生成为我们的助手

教育的关键就在于教师是否在学生的内心深处。如果学生崇拜、信任、依赖自己的老师，把老师当作自己的偶像或朋友，将老师的每一句话都视为“真理”，每一个要求都视为“圣旨”，焉有不洗耳恭听、认真照办之理？教育，说穿了就是人对人所施加的影响。一个教师不为学生所认可、所喜欢，进入不了学生的内心，对学生的影响也就无从谈起。即使有时候学生从表面上看起来“乖巧听话”，也可能是因教师这个特殊的身份所致的，是学生“不得不听”而已，很难说是他们对老师的话心悦诚服，心甘情愿地按老师的话去做。

第三篇 日出江花红胜火，春来江水绿如蓝

——让课堂舞动生命的色彩

作为教师，执着于课堂改革，其实就是在学生最需要帮助的时候，送去一缕春风，唤醒学生沉睡的心灵；送去一枚炭火，点燃学生泯灭的激情。而这，对那些从未享受到学习乐趣的学生而言，不是更需要的吗？可见，课堂改革绝不是“锦上添花”，而是“雪中送炭”。如果教师以无价值为理由拒绝课堂改革，也许就是为了掩饰自身懒惰、平庸、无上进心吧！

第四篇 横看成岭侧成峰，远近高低各不同

——让教学充满智慧的力量

一节课究竟应该如何导入，如何确定教学方向，如何落实教学内

容，如何归纳小结，如何进行检测评价，教师必须有具体的、精细化的预设。这种预设，实际上就是教师根据以往的经验和对学生的判断，提前对整个教学流程进行“假想”。虽然教学是一个开放、变化的过程，会有很多意想不到的事情发生，但教师还是要尽可能地想学生所想，备学生所想，要全面深入地思考探究，力争在课堂上运筹帷幄。因此，预设愈为精细，课堂教学就会愈有效。

第五篇 问渠那得清如许？为有源头活水来
——让教师走上研究的道路

一个理想的教师，应该是一个追求卓越、富有创新精神的教师，而不应该亦步亦趋、因循守旧，毫无灵性可言。一个人能够获得成功，在很大程度上在于他是个有心人。因此，教师要做教育的有心人，研究课堂、学生，而不是年复一年、日复一日地重复，不思进取，不求变化，固定在自己的思维模式中不愿意挣脱。

第六篇 山重水复疑无路，柳暗花明又一村
——让管理进入理想的境界

一个集体能够正常运转通常要仰仗最基本的规则，这就如同一台机器一样，每个零件有其固定的位置、职责和运转方式。而那些通常在集体中“咄咄逼人”，自恃劳苦功高，要荣誉，要待遇，否则就施以要挟之术的人，大多是渴望摆脱规则的束缚，渴望自己凌驾于集体之上，渴望以一己之力撼动整个集体，从而使集体这台机器按照自己的节奏去运转。管理者如果因种种忌惮而不断忍让，绝对是以损害集体的利益为代价“暖了一人”而“伤了一群”。若基本规则的底线被突破，带来的将是管理权威的丧失和执行力的下降。

第七篇　晴空一鹤排云上，便引诗情到碧霄

——让生活充满幸福的滋味

理想是人对自己所从事的事业的美好向往，虽然在实现理想的过程中会面临困难，但它却代表着正确的方向。而教师之中的“应该主义”，却是因为对教育事业缺乏真知灼见和细致研究而产生的狭隘、简单、粗陋的思维方式和解决问题方式，因而不符合教育规律，一开始就走上了错误的方向。我们提倡“仰望星空，脚踩大地”，而“应该主义者”恰恰是不仅看不到美丽的星空，也不肯埋下头来、立足于现实，沿着这样一条路走下去，走进死胡同就是不可避免的了。

第一篇 1

等闲识得东风面，万紫千红总是春

——让我们抵达教育的本质

在我们的教育中，掺杂了太多成人世界的功利与世俗观念，如此，孩子们原本纯净无瑕的心灵便被玷污了，他们从小就学会了谋求利益的“讨好”“出卖”“超值交换”等生活“诀窍”，越来越自私势利、目光短浅、心胸狭隘、不堪一击，越来越以自我为中心，无视世界、亲人的存在。试问：这样的人，未来能够幸福吗？

教育的终极目标

教育的终极目标是什么？

这是千千万万教育工作者首先要回答的问题。将学生培养成什么样的人，使其以何种心态、状态过完不可复制的一生，教师的导向作用至关重要。教育工作者应该认真思考一下有关“目标”的问题，这个问题如若考虑欠缺，就如同一位统领千军万马的将军草率地将战斗大旗一挥，方向出了偏差，难免就会落得个“草菅人命”“误人子弟”之嫌。

《中华人民共和国义务教育法》规定，义务教育必须贯彻国家的教育方针，实施素质教育，提高教育质量，使适龄儿童、少年在品德，智力，体质等方面全面发展，为培养有理想、有道德、有文化、有纪律的社会主义建设者和接班人奠定基础。

解读起来，《中华人民共和国义务教育法》的说法偏大、偏空一些。倒是苏霍姆林斯基一句话耐人寻味：“教育的终极目标不是传授知识，不是培养能力，而是让每一个孩子都能幸福地度过自己的一生。”

这句话说得多好啊！一个人如果能够通过教育获得“幸福的一生”，那教育将多么荣耀啊！可问题是，怎样才算是“幸福”呢？我们的教育并非不追求幸福，而是追求得更为迫切、更为直接：考上一所好大学就站在了幸福的起点上，挣大钱、当大款是幸福的标志，高官厚禄是幸福的保障。有些教师传递给学生有关“幸福”的含义是如此具体可感，是如此贴近实际。如此一来，在我们的教育中，自然而然地掺杂了太多成人世界的功利与世俗的观念，孩子们原本纯净无瑕的心灵便被玷污了，他们从小就学会了谋求利益的“讨好”“出卖”“超值交换”等生活“诀窍”，越来越自私势利、目光短浅、心胸狭隘、不堪一击，越来越以自我为中心，而无视世界、亲人的存在。试问：这样的人，未来能幸福吗？

关注学生的学习成绩多于其人格成长，教师荣耀高于学生前途，以“优胜劣汰”作为基础教育实施的基本原则等都是造成教育终极目标模糊不清的直接原因。

幸福是个微妙的物件。人们获得幸福的关键在于其对待人生的态度，而非来自于职业、社会地位甚至拥有的财富。教师首先要引导学生多关注生活中的美好事物。如果教师总是刻意地让学生去寻找生活中的无奈和灰暗，总是想方设法让不谙世事的学生学习生活中的“潜规则”，就会造成学生在纷繁复杂的生活面前悲观厌世，再谈追求幸福已无可能。

鼓励学生追求，但不要强求。认清自己，立足实际最重要；鼓励学生坚强，但不可勉强。不屈不挠是坚强，但明知不可为而为之，则为盲目，为“不智”；鼓励学生自信，但不要自负。相信自己是一种力量，但善于听取他人不同意见则是成长的保障。这些，才是学生获得幸福人生的前提。那么，说到我们的教育，不该在这些地方做做文章吗？

如果狭隘地把教育目标降格为“挣大钱”“坐好车”“享佳肴”之类，这就不仅仅是教育的悲哀，更是被教师恣意摆弄的“花朵们”的悲哀了！

有这样一个故事颇能给我们以启迪：

有个班级在大学毕业10年后举行同学聚会。班里有的同学成了教授、作家，有的当了处长、局长，有的成了公司老总，也有一直给人打工的，还有赔本欠债的。当年在同一个教室里听讲的学生，如今差别这么大，有些人就有些不服气，说当初大学毕业的时候，大家学问、本事都差不多，可有的人命好，机遇好，上天；有的人倒霉，背时，入地——这世道太不公平了。于是，有几个人就去请教当年的班主任。老师只是一笑，然后出了一道题：10－9＝？见学生一个个大惑不解的样子，老师便说，打保龄球的规矩是，每一局10个球，每一个球得分是从0到10。这10分和9分的差别可不是1分，因为打满分的要加在下一个球的得分上，如果下一个球还是10分，就成了20分。20分与9分的差别是多少？如果每一个球都打满分，一局下来就是300分。当然，打到300分太难，但打到270分、280分却是常有的事情。假如你每一个球都差一点，都是9分，一局最多才打90分。这270分与90分的差距是多少？

排除其他客观因素不谈，很多学生当初的差距也就是10分与9分之间的差距。但是，这以后，由于学生只是学生 9 分、8 分地干，甚至 5 分、4 分地混，与那些有着更为崇高目标的学生所形成的素质与能力相比，有多大差距？可不就是一个天上、一个地下吗？

对学生的终身负责，是教师义不容辞的责任。

因此，我一直在问自己：身为教师的你，想要培养什么样的学生呢？

这是每一个有良知的教师必须不断思考的问题。

教育，我们真的弄“懂”了吗

——电视连续剧《名校》观后感

昨晚凌晨一点，我辗转反侧，仍难以入眠，最终还是爬起来，继续欣赏几乎连续观看了两天两夜的二十二集电视连续剧《名校》，等到一口气看到故事的结局，已经是夜里三点多了，重新躺回床上，仍然难以入睡。迷迷糊糊之中，主人公张一白的坚定与无奈、执着与激情萦绕心头，挥之不去。

其实，这并不是一个完美的电视剧，因为剧中所反映的教育现实还不够客观、不够全面，尤其从“折射基础教育阶段的困惑”这个出发点来说，剧本还缺乏一点典型性，因为故事所描绘的更像是一个特例，可能是由编剧囿于只从一个视角思考教育问题、囿于故事性和观赏性本身的要求所致。但不管怎么说，这是近年来我看到的折射教育之痛比较好的剧作之一。在观看的过程中，我会心地欢笑过，遗憾地伤感过，也随着主人公在教育舞台上的沉浮而或悲或喜。那些幸福和无奈，我也曾获得过，也曾碰到过。

这就是共鸣！一种由类似情感、类似经历而产生的共鸣！

从看完这部电视剧的那一刻起，一个问题就一直萦绕在我的脑海中：从教二十多年了，教育，我真的弄“懂”了吗？孩子，我真的弄“懂”了吗？

现今教育的功利性让教育失去了其本该有的面目。原本最为复杂的教育行为，由于种种原因而被无限度地简化、被无限度地僵化，乃至于陷入了畸形发展的境地。

教育的简化和僵化，首先表现为横在所有学校和老师面前的一堵高墙——升学率。教书必先育人，这话或许说说还可以，但一旦回到教育实践中，这一希望就完全落空了。有高分就有一切，俨然成了颠扑不破的真理。若学校有了高分，就成了名校，就成了家长追逐的对象，待名利双收之后，就可以采取贴标签的方式，成为示范学校、明星学校，乃至素质教育的“领头羊”；若教师有了高分，就成了名师，就会受到领导的看重，家长的拥戴。试问：谁会问这个教师是不是如同电视剧中的“马十发”一样不讲师德、唯利是图？若学生有了高分，就成了“三好”学生、优秀学子，谁会管你品质如何、是不是生活的“低能儿”、是否懂得感恩、是否讲礼数、是否孝顺父母……

教育的简化和僵化，还表现为不用发展的眼光看人看事。很多教师已经不是塑造心灵的人，而更多的时候像法官，总是轻易地就把学生分了类，归了堆，并对其中的一部分判了刑。只有犯错误的学生，没有不能教育的学生，这话说起来容易，但做起来太难了。所以，呵斥和训责成了教师教育学生的“法宝”，体罚和劝退成了“绝招”。不是一切为了学生，而是一切害了学生。这危言耸听吗？仔细回顾我们的教育行为，有多少人敢于拍着胸脯说“我对得起我所有的学生”？恐怕更多的人要心虚了：我有没有不当的言行，伤害了孩子，甚至影响到了他们的一生？

教育的简化和僵化，又表现在师生之间的代沟上。在现代社会中，师生之间的生活区域和思维方式的差距愈来愈大，很少有教师能够真正地站在学生的立场上进行换位思考，了解学生的苦闷和彷徨，这就造成了彼此之间的隔阂在加深，彼此也就难以交流。剧中有一场戏说的是张一白和他的学生们深夜无眠，看星空、聊家常，从这里看，师生关系似乎一下子打破了瓶颈，有了质的飞跃。其实，这不过是再自然不过的一点师生心灵之间的交流而已。而在现实中，这种交流几乎无处可寻。

最难能可贵的是，电视剧的主人公对自身教育行为不断反思，并寻找症结，这是他在教育事业中获得发展的前提。在教育生活中，有多少人是“拼了身家性命”而投身事业当中的？这就是之所以当张一白事业受挫的时候，他几乎不能承受这种伤痛的原因，因为他干的不是工作，而是事业，并且这种事业是需要耗费心血去创造、探索的，而不断地寻找自身教育行为的不足，成为他的事业不断前进的重要保障。

我们能够想象吗？一个没有思想、没有个性的教师，如何能让自己的学生有思想、有个性？电视剧中有一个场景：一名年轻的硕士毕业生教张一白应该如何完成论文而“混”一张文凭，但张一白并没有听从他的话，而是结合实践，殚精竭虑地完成了论文。这就是思想和个性。

我们能够想象吗？一个平庸、胸无点墨的教师，如何能让自己的学生“有文化”起来、“有知识”起来？青出于蓝固然重要，但前提是教师是“蓝”，而不是“灰”，更不是骇人的“白”。

我们能够想象吗？一个在课堂上没有激情的教师，如何能让他的学生充满激情？课堂就是一个舞台，只有那些倾情投入的演员，才能留下精彩的、令人回味的演出。

我们能够想象吗？一个狭隘的、毫无心胸的教师，如何能让自己的学生宽容起来、大度起来？“马十发”仅仅因为学生顶撞了自己就罚学生停课，甚至在分析重点的时候故意轰走他们，希望他们考砸，好羞辱他们，这样的一个老师会培养出什么样的人？而张一白面对一次次叫嚣，甚至以武力来威胁他的问题学生左昊时，并没有选择放弃，而是用宽容和谅解给了左昊修正自身行为的机会，最终使左昊“回头是岸”。当左昊跪倒在地，泪流满面，恳求老师不要放弃他的时候，见此情景，谁不为之震撼？

我们能够想象吗？一个缺乏爱心的老师，如何能让自己的学生爱父母、爱同伴？而张一白采取了制造一个集体生活小圈子的方式，给了独生子女们一次体验相互帮助、相互关心的机会。老师与这些独生子女同吃同住，无形之中就把老师的爱心传递给了学生。这是学生成长中最为重要的一次改变，改变的是他们的一生，这比取得高分要重要得多。老师具备仁者之心的重要性自不言而喻。

有一天，学校接待了一支由 60 多名中学校长组成的参观团。在参观的过程中，我一直在观察，结果发现各个校长关心的仍然是学校的硬件建设，仍然是学校的环境建设，仍然是国家给学校拨款数额的多少，而很少有人肯站在楼道中，仔细品味或记录一下那些饱含着对教育有独到理解的文字。其实，那些文字才是真正体现教育精髓的啊！我想，这其中又有多少人真正弄“懂”了教育呢？

张一白成了我在教育追求中的一个楷模。或许我是个偏理想化的人，可我的奢求只有一个，干什么吆喝什么，如果在工作中我能把教育的问题看得更清楚一些，我能够带领老师们尽可能走在正确的道路上，那我也就知足了！

重“教”更要重“育”

“教育”一词，由“教”和“育”组成。在传统教育观念中，人们往往更偏重于“教”。所谓“传道、授业、解惑”便清晰地表明了教师的职业：为学生传授文化知识和人生道理，解决学生的疑难困惑。这就造成了师生关系的僵化和不平等——教师是绝对的领导者，学生只能亦步亦趋、听从指挥，不允许有个性、有主见。

其实，“教”固然重要，但绝不能忽视“育”的功能。

学生是活生生的个体，其成长过程有自然发展的成分，这就如同一棵小树，成长是必然的，如果能给予其更适当的水分、适宜的阳光、充足的空气，它的成长就更为顺畅、茁壮。教师要充分相信学生的自我发展能力，想方设法为学生提供必要的水分、阳光和空气，即精心创设一个适合学生发展的外部环境。环境具备了，发展就成了自然而然的事情。

从学生发展的外部环境层面讲，良好的校风无疑就是水分、阳光和空气。校风即校园之魂，是校园精神的集中体现，是一所学校在办学过程中形成的文化氛围。良好的校风往往体现在正确的集体舆论之中，真善美成为主流思想，而错误的、不恰当的思想和行为受到谴责，深处其中的学生充满了集体自豪感和责任感，能自主地修正和改善自身的行为。校风就是一种无声的命令，是一种精神状态和行为风尚，是一种潜在的、无形的精神力量，它对每个学生的思想品德、行为表现、学习态度、生活习惯以及穿着仪表等都将产生潜移默化的影响，起到美化学生心灵的作用，深刻影响着学生的发展和成长。

从人的心灵层面讲，关注、信任、激励以及适当的宽容无疑就是水分，阳光和空气，它们能最大限度地激发学生成长。可惜的是，在现行的教育中，这些几乎成了奢侈品，更多的时候，学生是生活在压抑、鄙夷、责骂之中的。从踏入幼儿园的那一刻开始，就遵循着种种规范，不能“越雷池半步”，承受着接踵而至的“挫折”教育。丰富的兴趣被扼杀了，多彩的个性及创造的火苗被扑灭了。尚不高大的幼苗不是生活在温情与和谐中，而是迫不得已迎接狂风暴雨、冷露寒霜。自然，成长的烦恼大于成长的快乐了。

不要把“大的教育背景”作为开脱的借口，说什么“天不变，道何以变”，似乎教师无法给予学生宽松、和谐的发展环境皆源于现行的教育制度。考试指挥棒在啊，高考、中考在啊，于是乎，只有偏狭，只有逼迫，只有用“优胜劣汰”的方式提高学生的学习成绩。看似天经地义，实则蕴含着巨大的悲哀。“我改变不了世界，但我可以改变自己”，当学生在黑暗中摸索的时候，他们特别需要有头脑的教师奋力为他们劈开一丝光亮，而不是在已经是阴霾的天空上抹上几道黑云。“洋思”“杜郎口”“魏书生”“李镇西”们，一个个教育神话的背后折射出的是有个性的教育、爱的教育，它们正是在无奈的教育大背景下结出的理想的硕果，或许他们已经充分把握了“育”之真谛。

“育”还有一层含义就是适当地剪裁和修正。教师之所以被称为“园丁”，恐怕意义就在于此。只要经过园丁的剪裁，即使再普通的花木，也会风格迥异、姿态万千。教师也应有一个“修剪”心灵的智慧头脑，不过千万要注意的是，园丁在修剪花木时，一定会遵循花木自身原有的走势，择其优点而“扬”之，取其缺点而“弃”之，这也正应了“因材施教”的基本规律。如果教师不顾及学生的实际情况，不关注学生的个性差异，强制性地按照预想去“剪裁”学生的思想，极有可能适得其反。

教育要促成学生良好的教养

总是难以忘记10几年前自己经历过的一件事。因为进修学习的问题，我骑自行车跑了20多里路到市里的教育机关去办理相关手续，结果，办事人员冷冰冰地告诉我，手续不齐，差某个证件，不能办。没办法，我只得又骑回去找相关的材料。折腾了大半天的时间才赶回来，结果那个工作人员拿眼扫了一下我的证件，轻描淡写地说："不行，还差一份。"我一下子就懵了，为什么刚才不跟我说清楚？难道还要罚我回去一趟？我恳求那个人，能否体谅一下、通融一下，没想到我还是被拒绝了。没办法，我只能再回去一趟。结果一出门，恰好碰到了一个在教育机关上班的老乡，他问我来这里干什么，我把事情一五一十地向他叙述了一下，他领着我重新走回那间办公室，跟那个人说了一下。结果你猜怎么样？我根本就不用再回去了，一切都搞定了。

这件事刺痛了我的心，那个工作人员生冷的态度让我一直耿耿于怀。人们都说，很多机关是"门难进""脸难看""话难听"，看来不无道理。可作为一个教师，我一直在想：那个办事的工作人员难道没受过教育？当然不是，甚至他可能有很高的学历，不然很难在那个岗位上工作。可他受过那么多年的教育，却丝毫没有体现出自身良好的教养。如果一个人接受的教育和他自身的教养产生不了关联，那是不是教育出了问题？

这么多年过去了，这个问题依然困扰着我。很多学校都已成了名校，有着令人惊叹的升学率。但校园里不乏一些与名校不合拍的现象：学生课下追逐打闹，在自习课上大声喧哗，随地乱扔垃圾，见到老师后不问好，进他人房间不知道敲门等。缺乏公德意识，缺乏对他人的尊重，缺乏基本的教养，这样的被高升学率光环掩盖下的教育何其悲哀？

教养是什么？教养是教人如何尊重人。我们常常谈到学生的自尊问题，但没有对他人的尊重，何以谈论“自尊”？设想一下：一群根本就没有相互尊重观念的人能创造出和谐美好的文明社会吗？从这个角度而言，我们的教育不能不说是失败的。如果教师只注重向学生传授知识，只对高分感兴趣，却不注重对学生进行道德教育，就无法使受教育者获得最起码的教养。如果受教育者缺乏教养，他就不能建立起最起码的自尊，也就不会懂得尊重别人。

曾经看到过这样一个小故事：在美国的课堂上，一个老师讲课时不小心说了一句脏话，被学生当堂指了出来，按照学校规定，讲脏话的教师将要罚做义工。结果，这个老师认认真真地接受惩罚，为这个班级打扫卫生。这是一个多么富有民主意识的教育案例啊！那么，来看看我们的教育，有几个学生能够敢于当场指出教师的错误？有几个教师能够做到跟学生一样在“规则”面前“人人平等”？我们虽然也谈民主，但有多少人能够真正理解：民主的基础首先是尊重别人，是遵纪守法，是不搞特殊，是认真倾听，是废除“一言堂”。

学生虽受过教育却依旧缺乏教养，这并不能责怪学生。我们的教育里有太多走形变味的地方。譬如，很多教育行为的落实依靠的是高压政策。教师凭借着“师道尊严”的特殊地位，高高在上，对学生颐指气使。学生被逼着学习同样的教材，追求分数和名次，完全忽略了兴趣和个性，这样的学习是痛苦的，是为了老师、为了家长而学，因为学生但凡学不好就会受到老师的讽刺、挖苦，就会被家长痛斥、责骂。学生不能迟到、不能不写作业、不能有自己的主见、不能提出反面意见，这样的“乖巧听话”、遵规守矩，却并不是发自内心的需要，而是为了别人，只是为了博得老师、家长的欢心而已。学生只能在压力下生存，当压力消失的时候，他们就很容易为所欲为。这就不难理解，为什么一个看似井然有序的班级，一旦失去了老师的监控，就会很快冒出若干充当“大王的猴子”，课堂乱作一团，到不可收拾的地步。

在这样的教育背景下，很多时候，学生并非以“人”的身份存在，他们只是知识的接收器，是制度的盲从者。他们既没有教师对其人格的尊重，也看不到教师对制度的敬畏，如此一来，再谈人的教养问题，就只能是“水中之月”了！

何为“最显著的教育”

身为一个教育工作者，我一直在思考：怎样的教育行为才会对学生产生更为深远的影响？换言之，何为“最显著的教育”？教师认真备课，倾尽全力把每节课上得高效，希望自己苦口婆心的教诲能提升学生的思想认识、道德水准，改造他们的世界观、人生观。如此看来，“最显著的教育”必然是发生在课堂上了。可遗憾的是，就是这样寄托了无数希望的课堂行为，往往其结果却让人失望至极。相反，许多有着十几年、二十几年教龄的教师，却冷不丁会有一些意外的感触：当年教过的某个学生，常常因为某一件不起眼的小事记住了我们，但我们，绞尽脑汁，也无法回忆起当初自己曾经做过这样的事！

到底什么样的行为才会产生“更显著”的教育作用？

在我18年前教过的学生聚会上，酒席间，一名男生端着酒杯深情地对我说：“王老师，您是我这一生遇到的最好的老师，您是否还记得，那年您讲公开课，第一个点名回答问题的就是我，说实话，我实在没有想到我会有这个殊荣，因为，我是一个‘差生’。就因为这份信赖，我要感谢您一辈子！”

说实话，我根本无法回忆起他说的这个细节。但我突然感悟到，我教了他3年，也许我讲的那些知识和人生道理他未必能够记住，但仅仅是我一个无意中的举动——对一个后进生的信任，对一个后进生的不歧视，却能够影响他一辈子。

这件事让我琢磨了很久。为什么学生会因为一些看似无关紧要的事而记住一位教师？究竟什么样的教师行为才能真正影响学生？

在美国中学教育中，曾有人提出一个说法，叫作“侧面教育”，大意是说，教师教育行为产生的积极的“化学变化”，往往不是在组织得严密的教学活动中，而是在课间或业余时间，也许发生在办公室、走廊、操场，甚至在街道和超市里，是在教师和学生之间的偶遇里。

譬如，当一个老师在走廊中碰到学生时，偶尔拍了拍学生的肩膀，说了几句鼓励的话，这就把爱和关注悄悄地传递给了学生；当一个老师在商场购物时，遇到了逛街的学生和其母亲，看似无意地向母亲客观地点评了孩子最近在学校的表现，当着母亲的面表达了对孩子的信心，就把一种无形的力量传递给了孩子；当一个老师在放学的路上与考试失利的学生一起走上一段时，或许仅仅是闲聊几句，并没有说教，但学生一定会感受到老师关切的眼神……学生的心是敏感的、细腻的，这种看似偶然的感觉让他们更觉得真切，产生的效果自然也就更显著。显然，与那些只是一味地鼓励学生好好学习，或一味地严格要求他们做作业的老师相比，这样的做法所产生的影响要大出N倍。

当然，聪明的教师不会满足于“偶然”，他会不断观察、思考、发现，做好种种准备，他会让自己的心里装满了爱和智慧，一旦机会突然降临，他就会不动声色地抓住，把一个个“偶然”变成“必然”，让看似不起眼儿的行为充满“教育”的味道和魔力……这一点在南京市第六中学陈宇老师的工作中被运用得出神入化。他采用每天和一个学生谈话的方式，看似那么随意，却又是那么独具匠心、不露痕迹地给学生以正面的影响，收到了很好的教育效果。

这就告诉我们，正面的、正统的教育可能很难让一个老师在学生心目中成为重量级的人物，教师应学会让自己的一言一行折射出爱的色彩，散发着智慧的光芒，蕴含着正义、正气和公平的力量，那么教师就会成为学生崇拜的“偶像”。此时，又何愁自己的一举一动不成为“最显著的教育”呢？

牢牢守住我们的“底线”

“底线”是个很流行的词汇，如道德底线、伦理底线、人格底线、学术底线、职业底线、为官底线，等等。我未能从词典中找到对“底线”最贴切的解释，按照我的理解，“底线”无非就是指“可以接受的最低限度”。

任何事情往往都有一个“可以接受的最低限度”，只要在这条线之上，虽然做得不好，做得不理想，不能赢得赞美，但也算马马虎虎、说得过去。可一旦突破了“可以接受的最低限度”，就像量变到质变一样，性质马上就不同了。

中国人总体说来是宽容大度的，如到饭店吃饭，即使饭菜味道一般，也就凑合吃了，只要别遭遇“地沟油”就行；新房子装修，即使油漆的光泽不太好、效果一般，也就凑合了，只要别掺进含有那么多剧毒的东西，一住进去就要了人的命就行。可偏偏很多事情就是什么底线都没有，怎么办？无可奈何可能会有，但免不了有人拍案而起了。

还是要回到教育的主题上。

教师自然也有自己的底线。一位老师可以在知识储备上不足，可以在教学艺术水平上有所欠缺，但必须要清楚自己的底线在哪里，否则，很可能会犯下不可弥补的错误。

如果一个老师为了让学生取得好成绩，千方百计“开动脑筋”，高招不断：一到考试，班里成绩倒着数的那些孩子“被生病”了，不是这里疼，就是那里痒，总之是没法到学校了；安排考试座位时，一个学习成绩好的学生旁边安排一个成绩差的学生，“合理搭配”，有助于考试时“团结互助”；想方设法把考题告诉学生，让学生在考场上惊呼教师神奇的“预判力”；阅卷的时候要点手腕儿，见了自己的学生的试卷以“宽松”为主，见了别人的学生的试卷则以“严格”著称……这些做法，显然已不能称为“教师”行为。教师的底线是什么？这个问题的答案很简单，就是无论在什么情况下，一个教师必须履行教师的职责，做好教师应该做的事。换句话说，就是教师凭良心把应该做的事做到位、做好。

学校管理也有自己的底线。管理需要有人情味儿，没错，我们提倡构建和谐社会嘛，自然也得追求构建和谐学校。可关键是要看这个“和谐”是怎样定义的。从管理角度来看，所谓“和谐”，指的是所有在管理体系中的人清楚自己的任务，按照时间、空间的要求及时到位，这就如同一台机器一样，只要每个零件都在自己的位置上欢快、顺畅地运转，整台机器就会表现得从容、高效。可总有些人因为自身的利益所驱，挑战这个秩序，妄图从自己的那个位置跳出来，东走走，西看看，而这时的管理者，如果还是本着“人本”的思想去考虑问题，他要自由，那就给他自由嘛！结果是可想而知的，或许在一个点上这个个体看起来是美滋滋的，可集体本身却不可避免地受到了伤害。管理的底线是什么？我认为就是对制度的敬畏，对秩序的尊重。管理者要做的，就是让身处管理体系中的每一个人找到自己的位置，遵从制度和秩序去做事，对挑战制度和秩序的人予以坚决反击，而不是一而再再而三地退让，让整盘棋因保护某一个棋子而陷入僵局。

教育事业更应该有自己的底线。中国的校长是干什么用的？他们似乎很难全身心地在学校干好教育本身这点事，因为他们有太多的关系要维持，有太多的场合要出席，有太多的会要开，有太多的领导要陪。校长们说起来总会牢骚满腹。可任何事情都要换个角度思考，人们常说：“天不变，道何以变？”如果只抱着这样的想法，就会在埋怨、牢骚中荒废了教育的春天。那么，教育的底线是什么？简单一句话，就是尊严。教育是有尊严的吗？明知道领导所指的路子并不符合教育规律，可有些校长还在不折不扣地执行安排；明知道教育的最大宗旨是育人，可有些校长还在为了“达标”，为了“政绩”，甚至不惜让学生说谎，以应付各种各样的检查；明知道全力打造“尊师重教”的风气才会创设良好的教育环境，可有些校长任凭无视规则、无视传统、无视道德的事件销蚀着教育的健康肌体……“自保”是必要的，但如果尊严的底线被打破了，教育往往就染上了“奴性”病，没了骨架，缺了钙，卑躬屈膝地在世间活着，还能奢望教师能教育出有尊严的人吗？

守住底线，就是守住生存。一个教师、一所学校所追求的教育，莫不过此！

“开学典礼”之痛

又是一个新学年，学校举办开学典礼自是必不可少的。在典礼上，全校学生坐得整整齐齐，静静聆听从领导到嘉宾、从校长到老师、从家长到个别优秀学生冗长的讲话和发言，抑或也会安排颁奖，或学生献词、表决心之类活动，然而，更多的学生只是沉默的“旁观者”或者是麻木的“呼应者”，在会场上哈欠连天，虽然有穿梭在各个班级中的检查纪律的“纠察队员”，但仍难控制学生频繁的“厕所之旅”或“窃窃私语”。

开学典礼在某种意义上成了“鸡肋”——食之无味，弃之可惜。

我们总说：“学生有病，老师吃药。”可为什么老师总是埋怨学生不听话，学生难以管理？在这样一个大型集会中，出现那么多让人无奈的事情，那么多让人不舒服的镜头，一味把责任推到学生头上，是否过于牵强？

开学典礼有着重要的教育价值，因为它向学生传递学校通识的价值观念，传递学校的精神追求，并使之融入到学生的血脉和骨髓。任何一个学校的管理者可能都怀着这样一种期望来举行开学典礼。但可惜的是，可能由于僵化的思维在作祟，也可能因为某些细节方面的疏漏，这样一个良好的教育机会便从手边溜走了。

譬如，对学生公德意识的培养。就如何保持集会的会场干净整洁这一问题来说，是不是只能依靠简单粗暴的处罚来达到目的？

譬如，对学生尊重他人意识的培养。领导在讲话也好，颁奖也罢，作为会场的一员，应该悉心聆听，一方面是领悟具体内容，更重要的是，这是对他人的尊重。这件事情由谁来做？勿庸置疑，答案是老师。可老师，在这样的时刻起到了怎样的示范作用？

譬如，对学生是非善恶明辨意识的培养。为什么优秀班级、优秀学生上台发言或领奖时，往往台下掌声寥寥可数？是不是这些集体和个人没有成为他们倾力追求的榜样？学生缺乏追求真善美的热情，是不是教育巨大的失败？

群体本身是最具感染力的，这些点点滴滴的缺憾会像瘟疫一样迅速传播、传染。大型集会一旦搞不好，常常会带来太多无形的损失，甚至“资不抵债”。

因此，杜绝形式、杜绝走过场才是王道。

每个人都喜欢新事物，尤其是中小学生，他们的心智水平处于具体形象期，善于幻想，喜欢新鲜的、有想象力的活动。那些老套的、乏味的、麻木的活动，是无法吸引他们的。不是常说学生是学习的主人吗？课程改革不是致力于改变学生只是接受者的传统地位吗？那“开学典礼”是谁的“典礼”？勿庸置疑，当然是学生的。因此，改变要从改变传统思维方式入手，要让学生成为开学典礼的主角。在开学典礼中增加一些创新环节，让典礼更新颖、更活泼一些，有助于学校风气的形成和学生精神面貌的树立。

我曾读过关于山东大学附属中学的开学典礼的一则材料，说的是该校的开学典礼仪式由学生主持，主持人走进学生队伍，让学生发表心声。当然，校长和老师也会发言，不过他们的发言也是以学生采访的形式出现的。校长不是坐在高高的台上，像在“阅兵”一样，与学生有着“千山万水”的距离，而是在学生群体中表达和诉说。这样的形式，虽然不能称之为开学典礼的新“样板”，但至少打破了很多固有的东西。学生成为开学典礼的参与者、体验者和互动者，彰显出育人为本、以学生为主体的教育真谛，为学生所喜闻乐见，达到了开学之初引领学生走进校园、走进教室的功效。何乐而不为？

作为管理者，从固有的思维中突破出来，虽然难，但更有意义。多动动脑子，多寻找些“点子”，把开学典礼“救活”，也把教育“救活”。

如果让新生有一个铭记终生的开学典礼，也算是教育的成功吧！

活动≠影响成绩

今天，学校按照教育局的要求，开始组织艺术节上学校承担的开幕式大型团体表演。没想到，遭到了不少老师或明着或暗着的抵触。其中的原因不外乎两个：一是怕影响学生的学习，二是造成班级纪律涣散。但在我看来，这根本构不成理由。

学生在学校学习是一件天经地义的事，也是众多家长和教师的普遍认识，于是，众人的目光就只盯在学生的书本知识与学业成绩上，恨不得用一条锁链把孩子紧紧地拴在教室里，困在课本和作业里。可是，现在的学生虽然聪明活泼、见多识广，但对社会缺乏本质的认识和真实的了解。他们立志高远、渴求进取、好胜要强、不甘落后，但缺乏坚韧不拔的意志和顽强进取的毅力；他们重视学业、高分，但忽视能力的提高和个性的充分张扬；他们生活富裕、不愁吃穿，但缺少艰苦奋斗和吃苦耐劳的精神，没有真正树立热爱劳动和劳动人民的深厚情感，没能真正养成珍惜劳动成果的好习惯。这些东西，绝对不是仅仅依靠课堂就能获得的。虽然学生的前途很重要，但这个“前途”不只是来自于“高分”，更应该来自于良好的素质和品格。

“现在学生不爱学习了”是很多老师的普遍心声，“现在的学生不好管了”是众多老师的共同认识，“现在的学生越来越难教了”是校园流行的共同话题。在这种情况下，再去一味地对学生采取“打压”战术可能一时奏效，但从长远来看，极可能造成班级管理上的“崩盘”。

长期紧张的学习，以及来自家长的过高期待，极易造成学生心理的紧张和压迫感。人的情绪，尤其是坏情绪需要宣泄，必须寻找相应的途径，而这个途径就是开展丰富多彩的活动。

开展各种活动有何意义？

首先，可以丰富学生的课余生活，有效培养学生优良的思想道德品质。

学生走出课堂，通过参观、访问，搞社会调查，接触实际生活、接触社会，能够激起理想的火花，培养热爱祖国、热爱生活的思想感情，培养为实现目标而努力的集体主义精神和克服困难的毅力，以及团结互助、爱科学、爱劳动、遵守纪律、爱护公物等品德。

其次，能够促成学生在全面发展的基础上充分发挥各自的特长。学生的需要是多种多样的，他们除了要求学习知识外，还要求获得友谊、社交的机会，要求独立自由活动和从事创造活动，要求对美的享受和各种文化娱乐，等等。在搞好课堂教学的同时，学校应开展丰富多彩的课外活动，尽可能满足学生的种种需要，有利于他们形成特长，表现出某一方面的才能。

再者，能够使学生扩大知识面、开阔视野。灵活多样的活动形式能够帮助学生接受新知识，扩大学生的知识面，增加信息量，了解世界新的动向和趋势，跟上时代的节奏，培养学生主动获取信息、处理信息的能力。

尽管开展活动有这么多看得见、摸得着的益处，可在现实中，学校出于“安全”的考虑，迫于“成绩”的压力，甚至出于社会上“不务正业”传言的阻力，会出现尽可能地少搞甚至不搞活动的现象。回想我的小时候，班级里举行的活动多种多样，可这些活动耽误学习了吗？相反，它们能够保证我的身心健康，我的学习也更有目标、更带劲。回想自己初当老师的那几年，几乎每到周末，都会组织学生开展各种活动，如骑自行车去郊游，跟学生一起野炊；带学生去公园、图书馆、书店；举行校外知识抢答比赛；举办班级的拔河、篮球赛。即使学校不组织活动，老师和学生自己也会主动组织。整个班级充满了活力和上进心，事事都不落在后边，成绩也总是最好的。可为什么现在的活动就会被认为影响学习、影响班级了？

学生不应该被培养成不敢说、不敢做的人，不应该培养成只会死读书、读死书、缺乏灵性的窝囊废，不应该被培养成只知道听话却不会思考的人。而“一潭死水”的管理模式最容易产生这样的后果。

况且，凡事要学会因势利导。当面临一件必须要做的事情时，人应该积极地想办法，消除不利因素，甚至转化不利因素。这就跟大禹治水一样，他采用的不是单纯地加高堤岸的方式，而是想方设法地让“桀骜不驯”的水回归大海。这就是“疏”和“堵”产生的截然不同的效果。利用各种活动，达到教育之需，永远是一个有智慧的教师追求的目标。

教育，请走出去

这篇短文是我在读完网易博友“玻璃杯”的文章《我们真的去郊游》之后写下的。“我们真的去郊游”“真的”，是激动？是辛酸？还是怀疑？这两个字包含着丰富的内容。读完这篇文章，我非常激动。虽然文章的内容是那么简单：一个怀有梦想和激情的班主任，十几个天真烂漫的学生，一次普通的出游，仅此而已。但是，就目前的教育现状而言，这又是一次多么难能可贵的活动啊！

我不由得想起了20年前的自己。那时候，我还是个年轻的班主任老师，满怀着对学生的热爱和对教育的热情，时不时地组织学生走出课堂，开展一些丰富多彩的活动。教育生活灵活而不刻板，丰富而不单调。记得一次野炊行动，全班45名学生集体出动，来到远离学校的一片绿地上，头上是茂密的树叶，脚下是青青的野草，而那盛开的桃花点缀着周围的世界和我们的心情。大家选择合适的土坡挖灶埋锅，拣拾干树枝和枯草、落叶，然后点燃野火，齐动手做了一顿令我们终身难忘的“美味大餐”。大家铺开带来的塑料布，在野地里摆开了宴席，学生们为谁跟我一桌还“争执”起来，最终，只能我这个当老师的“妥协投降”了，答应他们吃遍每一桌，这场“抢教师”风波才算平息。那动人的场景被同学用照相机捕捉了下来，成为我和同学们永恒的记录。多年后在一次学生聚会上，一个女生动情地说，在她上学的十几年中，那是最令她难忘的时刻了。

是啊，学生毕业了，离开校园了，可他们到底会记住什么呢？我记得自己在《把学生的心留在学校》中写道：

我们的学校教育、我们的教师给学生提供了哪些留在学校的理由呢？

相反，倒是我们的许多做法，在给学生提供“远离学校”“远离读书”的理由。比如，从一入学，学生就被沉重的书包压弯了瘦小的身躯，没完没了、毫无创意的作业把游戏和玩耍的时间完全挤占了；比如，学生被骂作“笨蛋”，批评、斥责甚至体罚被毫不吝啬地倾注到学生身上，他们在“挫折教育”中艰难地前行；比如，学生被当作毫无个性的产品，而不是被当作一个人来看待，不允许“越雷池半步”，不允许有自己的思想和意见，要做彻底的“乖孩子”，等等。诸如此类的做法，让学生逐渐厌学，认为学习是人生的最大痛苦。在这种纯属“强迫”下实施的教育行为，究竟能产生什么效果呢？

只能是学习生活越来越单调和痛苦，逼迫着学生对学校恐惧和无趣。

当然，学校也是无奈的，也有许多的难言之隐，比如，安全问题，各个学校几乎到了谈“安全”色变的程度。前几年，北京就有一个新闻，说某小学在组织学生郊游的时候，跟家长签订了“生死状”——如果学生出现意外，学校不担负责任。这说起来让人感觉怪怪的。看学校的现状：体育课几乎只剩下了跑步（而且是慢跑），学生不敢打篮球，不敢踢足球，过去的传统活动“冬季越野赛”更是不可能组织；集体的学生外出根本就不敢想，尤其是假期，更把组织学生活动视为“大忌”。学校的管理者们总是如履薄冰、小心翼翼，干脆，不管你的活动多么好，只要有一点安全隐患，对不起，只能毫不客气地“砍杀”。于是，学生便只剩下在教室中苦读的“份”了。这真是学生的悲哀，也是中国教育，甚至是中国未来的悲哀！

在文章最后，我想引用“玻璃杯”的几句话作为结尾：

老师很简单的一个想法，却满足了这么多孩子的心愿。其实，我做了什么？我几乎就是一个并不重要的随从，可我又扮演了一个如此重要的角色。教育的刻板不得不让我们反思：高楼大厦、窗明几净、锦衣玉食、呵护倍至是学生真正需要的吗？许多家长和老师还在为如何让孩子走出孤僻的误区而大伤脑筋，还在为如何戒掉孩子的网瘾而不知所措，为孩子的自私自利而烦恼，为孩子的瘦弱而担忧……我不得不感叹我们成年人的肤浅与自私。

附：“玻璃杯”的博文《我们真的去郊游》

8月9日，我和10个学生提前约好去野外。8月10日的早晨，天空下起了雨。雨不大，但不像下在地上，倒像下在十几个人的心里。活动被迫延期。即使这样，仍然有几个学生打电话来，强烈要求按计划出行，王震雨和刘家瑞两个男生居然冒雨来到我家，听说确实不能如期去后，扫兴而归。

11日早晨，天降大雾。但同学们真的是“不约而同”地早早来到我家门口等我。我根本无法推辞了。

其实，当初我着实为这个有创意的想法兴奋了一阵，我觉得它一定能为我和同学们的暑假生活增添无穷的乐趣。但我的想法却遭到了我家先生和一个朋友的反对，首先他们考虑的是安全问题。理由是现在是暑假，老师私自带学生出去，一旦出了问题我就算有十个脑袋也负不了这个责任。我知道他们是为了我好，说得也有道理，这些我也都想过。可我不甘心让自己的想法“夭折”。偷偷地和同学联系，果然得到了热烈的拥护，于是我力排众议，坚决要“一意孤行”了。

我背好行囊，匆匆和先生、女儿告别，在学生们一路簇拥下“豪迈”地前行了。那时，我感觉自己忽然年轻了20岁。

我们选择了最好的交通工具——自行车，我们选择了最好的去处——自然公园，我们选择了最好的表情——开怀大笑，我们选择了最好的心情——完全放松。

一出门，我的决策的英明性马上得到了证实，同学们很自觉地始终保持合适的速度和合适的距离，他们自觉地互相照顾、互相提醒，比我想得还要周到，十几里的路程眨眼就到了，要不是头发被晨风吹乱、被晨雾打湿，我们甚至会认为自己才刚刚起程。

到了公园门口，韩东睿很潇洒地打了一个电话，然后让保安接听，于是我们没有买门票就顺利地通过了。现在的学生，本事大得通天，我自愧弗如。

安放好自行车，我们就像林中的鸟儿一样飞个不停、叫个不停。我们来得太早了，很自然成了今天的第一批游客。雾气还没有消散，太阳还没有露头，草丛中的虫鸣清晰可闻，细小的露珠扑满了视野，使草地显得柔和而光滑，小径幽深而寂静。我们被大自然包围了，大家一下子没有了声音，就这样默默地走着。这不正是我久违的心愿么？不知道谁说了一句“我好感动”才把大家从沉醉中唤醒，于是我和孩子们恢复了刚才的活跃。

他们拾脚底下的落叶送给我当礼物，鞋子被露水打湿了他们也不在乎，他们采摘不成熟的野果我也不去阻止，他们去攀爬倾斜的大树，讥笑像猴子一样滑稽的样子，他们争着抢先占领某个地盘，他们往湖中投石子，他们拿某人的弱点很轻松地开着玩笑……走累了，他们又要求去游乐场，我一口答应，我怎么能在这时扫了他们的兴。于是乎，我们去了“恐怖历险城”，我发现我的胆子比他们要小，几个男生很男子汉地充当了向导，他们的勇敢让我感动。于是乎，我们去坐“过山车”，我带领他们一起尖叫，我们又去开卡丁车，去开碰碰车……等精疲力竭了，我们就选择了叠翠湖畔的一个小树林作为栖息地野餐。

他们说突然想写点什么，于是他们拿出了准备好的日记本，我从来没见过学生这么主动地写日记。那一刻，又恢复了刚来时的安静。

写完后，我问他们现在最想的人是谁。他们异口同声地说是“妈妈”。

我问他们今天有什么感受，他们说终生难忘。

我问他们有无遗憾，他们说这样的机会太少了。

我问他们今天有什么收获，他们说今天懂得了浪漫。

我们终于走在回家的路上，也许是因为劳累，也许是因为留恋，也许在勾画着下次出行的蓝图，也许他们什么也没有想吧？

今天，我们真的去郊游！

透过巴萨看教育

巴萨输了，在欧冠半决赛中被切尔西淘汰出局，失去了卫冕的机会。但我依然喜欢巴萨，就像一个朋友劝慰的那样：结束即开始……

严格地说，我并不是纯粹的球迷，除了梅西、罗纳尔多这些热得发烫的球星之外，我根本不能识别出在球场上洒脱奔放的运动员到底是谁，说不准他们的国籍、年龄、经历，更别提什么婚姻、爱情之类的花边新闻。但不知道为什么，从第一眼看到巴萨比赛的那一刻，就迷上了这支队伍，以至于天天关注着这支球队，甚至不惜牺牲睡眠，半夜爬起来，追随着红蓝军团或喜或悲的征程……

为什么喜欢这支球队？我曾经不止一次地问自己。

或许是因为这支球队的气质吧？不急不躁，不温不火，外表柔弱，内心如钢。一切总在掌控之中，即使失败，也未曾改变自己的气质。从骨子里透露出的是自信、骄傲。

或许是因为这支球队的风格吧？流畅细腻，节奏鲜明，静若处子，动若脱兔。更多的时候胜似闲庭信步，任凭再激烈的比赛，依然固守自我。远远一眼看去，你就能够辨识，这是巴萨——与众不同、特立独行。

或许是因为这支队伍的精神吧？彼此呼应，协同作战，成败得失，共同担当。虽有球星，但也是诞生在一个英雄的群体中，血脉相连、生死与共，使足球真正成为一个集体项目……

很多时候看到巴萨的比赛，总会不由自主地与自己的身份挂钩，仔细想想，巴萨身上似乎能够折射出教育的诸多影子。

学校何曾不需要一种气质？气质由文化而来，是融入到一个单位的全体成员骨子的思想，是大家共同遵循的行为准则，是一种潜在的、看不见也摸不着却又发挥着巨大作用的隐形力量。现在的学校里，有太多的急功近利，少了一点温文尔雅，太多的粗浅冒进，少了一点自尊内敛，呈现给世人的是俗化了的体貌和灵魂，在这个跟风流行的时代，已经千校一面，味同嚼蜡。

教师何曾不需要一种风格？风格在教师群体中越来越成为稀缺物。简单粗暴的教育方式、呆板枯燥的课堂教学，使教师的面孔和精神逐渐模糊了。独立的个性本身即是教育最重要的资源，当教师成为流水线上的“车床”，生产出的不是毫无个性、毫无特点的“标准件”就怪了。

校园何曾不需要一种团结的力量？在生存的压力下、成绩的磨难中，各自为战，相互拆台，“老死不相往来”，什么经验享、什么相互扶助，都成了空荡荡的口号。一盘散沙、人心叵测，不仅实现不了教师经验的有效传承，连教师的幸福也在不和谐、不相融中一点一滴地流失……

巴萨输了，但我依然爱巴萨，因为我相信，还有无数的胜利等待着巴萨的将士们。教育不遂人愿，但我依然爱教育，因为我相信，还有无数的教育者坚信自己的梦想，在教育的路上愈走愈远……

从"欢乐中国行"看我们的教育

首先声明，没有强拉硬扯的意思，原本风马牛不相及的两类事物："欢乐中国行"与"我们的教育"如何有了牵连？这只是我当时一瞬间的感受，简单记录下来而已。

周日晚上，我到艺术中心观看了"欢乐中国行"剧组在廊坊的演出。我喜欢热闹，像这样的场面，但凡有点办法，也要千方百计去凑一凑！整场演出算得上精彩，虽然离舞台比较远，以我的视力也不足以看清场上演员细腻的表情，但毕竟看到了一大批电视上的明星，如董卿、阎维文、韦唯、黄品源、花儿乐队、戴娆、戴玉强、张也、付玉龙等。套句名言，咱也算是看到"活"的了！

演出就没什么可说的了，毕竟像"大宝"一样，大家在电视上"天天见"，这场演出也会在中央电视台播出，并不新鲜。但看节目的过程中，我的老毛病又犯了，突然把那个巨大的舞台与那个小小的"三尺舞台"联系起来了：和"欢乐中国行"相比，那个"三尺讲台"太暗淡了，简直是一个天上，一个地下啊！

首先是整个节目的安排。这可是3个多小时的演出啊，加上进场、退场，观众差不多要待上4个多小时。但观众基本上是自始至终都兴致勃勃地在观看表演。当然，节目精彩是一个原因，而节目的编排也颇为讲究。并不是所有节目都是高潮部分，而是高潮和低谷合理衔接，就造成了整个演出节奏的变化与观众的欣赏习惯相契合。试想，如果连续高潮，观众势必会感到疲惫，如果连续低谷，观众势必会感觉兴味寡淡。而这样的安排，使得观众的心理需求和生理需求都得到了照应，演出时间虽长，观众却觉得兴趣盎然。反观在课堂上，有多少教师注意到要疏密结合、动静相配？很多教师要么在高频率的活动中持续授课，要么在平淡松散的状态中熬到下课铃响。持续不变的节奏最容易导致人的精神疲劳和注意力分散。其次是演员对观众的调动。那些优秀的演员总是能够调动观众的情绪，用最简单的方式让观众投入到互动之中。黄品源的一首《最爱你的人是我》，让满场观众动情地跟唱。如果说，他这是名曲效应的话，那么“花儿乐队”的一首《啵一个》，恐怕就是90后的专利了，但在演员的生生调动下，连我这个已过不惑之年的人也忘情地跟着呼喊：“啵一个，啵一个，啵一个。”亦痴亦狂，难以想象。老师也主宰着一个舞台，什么时候能够让观众——学生也完全投入教学中来呢？可能有人会说，唱歌是娱乐，而学习是苦差事，怎能相提并论？其实也未必，像“啵一个”这样极度喧闹、极度暴躁的歌声，对全场那为数不少的老婆婆、老公公们而言，恐怕也非乐事。但演员生生把这些东西变成了所有人的乐事，这不是本领吗？如果他们只是站上台来，卖力地唱歌，恐怕效果也未必好，观众也未必买账，弄不好会博个倒彩！可就是他们那三言两语的煽动，把观众的情绪点燃了。老师们真该好好地学一学这个本领。学生在课堂上昏昏欲睡，到底是谁的问题？如果老师的所作所为就是逼迫着学生郁闷下去，还能把罪责怪在学生头上吗？就像一个演员说的：“你们才是真正的主角。”要是老师也这么说，并从心里真的这么认为，是不是困扰自己的很多问题就迎刃而解了？

还要说说董卿的主持。董卿是我最喜欢的主持人之一，她虽然并不年长，但绝对称得上是中央电视台的名嘴。她沉稳、诙谐、大方，能抓住观众心理和对现场状况的随机应变，能在极短的时间内背诵长长的主持词，这些都给我留下了深刻的印象。说得简单点，她不是个花瓶式的人物，她的大脑里有着深厚的积淀，她是一个有思想、有内涵又极其敬业的人。其实，主持人最能影响观众的是什么？是素质！同理，教师最能影响学生的是什么？也是素质。这种素质绝不仅仅体现在对知识的传授、对题目的讲解上，而体现在方方面面，如一句话、一个动作、一个眼神，等等。当一个教师能够靠自身的素质在学生面前树立起值得他们崇拜的形象的时候，教育力量就有了最深厚的根源！

“欢乐中国行”以“音乐”作为媒介，搭起了观众与演员之间的桥梁，那老师又该凭借什么作为媒介，搭起老师和学生之间的桥梁呢？

请把教育暴力扼杀在摇篮中

近期，一则“虐童”新闻在网上炒得沸沸扬扬，“教师暴力”这个令人发指的字眼再次进入公共视野。《钱江晚报》2012 年 10 月 25 日有如下报道：

一个年轻女教师，两手拎着一个小男孩的双耳，将其双脚提离地面约 10 厘米。老师一脸微笑，而男童的耳朵被扯得变形，张着嘴哇哇大哭。在这名施暴教师的 QQ 空间里，还有两张将幼童的嘴用宽胶带封住的照片，其中一张的说明为“活该”。经浙江温岭市相关部门调查，此人是民办幼儿园“温岭蓝孔雀”小二班教师颜艳红，日前，她已被辞退。

多么离谱的“虐童”现象！在记者的调查中，出现了更加让人无法理解的情形：涉事教师自称这样做只是为了“玩玩”“实在太有趣了”，而且还有另一名教师在协助拍照，拍摄后还大大方方地公之于众！她甚至很“无辜”地说，那个孩子被她放下后，笑了！呜呼，如此的施暴，竟然能够感到“有趣”，这样的教育暴力确实该引起全社会的高度警惕了。尽管事发之后，虐童教师被辞退，所在幼儿园被取缔，但仅仅是这样“发现一起查处一起”的做法，并不能真正杜绝此类虐童事件的发生。人们不禁要问：下一次，又该出现怎样可怕的教育暴力呢？

古代有“亡羊补牢”的故事，可见出了问题并不可怕，只要及时想办法、找对策，就能防止问题的再次发生。可就目前的情况来看，虐童事件一次又一次出现，相关的部门到底采取了哪些有力的防范措施呢？如果只满足于事后的严厉惩罚，似乎并不能让人满意。即使肇事教师得到了应有的处罚，即使这样的结果大快人心，可已经受到了伤害的孩子，那身体和心灵上的伤疤，是否有可能一辈子再也无法抹去？

解决问题的关键在于身处教育中的每个人都有责任、有义务，营造遏制教育暴力的环境，将教育暴力扼杀在摇篮之中。

首先，要真正实现依法治校。作为社会的公民，不论是教师，还是学生，每个人都处在法律的保护和约束中。《中华人民共和国教育法》《中华人民共和国教师法》《中华人民共和国未成年人保护法》等法律法规，都关系到教师和学生的自身利益。可这些明明白白摆在那里的法律条文真正被落实了吗？引领教师群体学习相关的法律知识，让每个人都清楚地看到行为的底线，都“胆战心惊”“如履薄冰”地行事，这是防止出现恶性事件的重要保障。

其次，要加强师德师风建设。教育是人对人的影响，如果教师自己没有完善的人格，培养出来的学生即使学富五车，也很可能会走歪路。因此，各个层面对教师的培养，都不能仅仅局限于专业知识的讲解，要将师德师风纳入培养体系。要坚定不渝地向教师灌输爱，要让每一个教育者明白，其所面对的工作对象是一个个活生生的人；评价成败的标准，首先应该是道德，而非若干条刻板的规矩、条文。缺乏爱的教育，不可能是成功的教育。崇尚“暴力治教”的老师，也不可能是合格的教师。

第三，要寻找教育的真正目的。部分教师身上出现了“硬暴力”“软暴力”的问题，这固然与他们的个人素养有直接关系，但教育主管部门、学校管理层面也难逃干系。学校到底在追求什么？或者说，学校把最重要的育人目标定位在哪里？如果一个学校只片面地追求高分，过分执着于分数，却忽略了对学生人格的培养，就难免造成教师在教育过程中的简单、粗暴。假设这种简单、粗暴被管理者“睁一眼闭一眼”地默许，甚至不动声色地予以“赞赏”和“推崇”，出现问题就只是早晚的事了。

当然，事后惩戒也是非常有必要的。要明确师者的言行底线，不仅要惩戒那些已构成明显伤害的具体行为，还要矫正那些潜在的、不那么明显却严重刺痛学生身心的教育暴力行为。

要有勇气对“校园暴力”实行“杀无赦”，要看一看，究竟是饭碗重要，还是拿人不当人，解气、“有趣”重要！

你触摸到坚硬了吗

——写给佐文老师

敬爱的佐老师，连续两天，聆听了您两场内容几乎相同的演讲——让爱与生命同行。我深深地被您的演讲感动了。已经许久不见的泪水，洒在了这样两个普普通通的夏日的下午。的确，用“最感人”“最震撼”“价值百万”来形容您的演讲丝毫不过分。我相信，这会在所有在场的家长和孩子的生命里留下一抹深深的印痕，并会被他们长久地回忆，甚至铭记一生。

我感动着，却绝不仅限于演讲的内容，不限于现场所激发出的浓浓的氛围，不限于疏于沟通的父女、母子之间真情的表白，以及催人泪下的情感故事……我更感动的是你，一个年轻人，为这样一个事业所做出的一切。

先成人，再成才。这本是一个简单的道理，但在学校教育中，在家庭教育中，却常常被忽略了。看看我们的孩子，只知道索取，却不懂得回报；看看我们的孩子，满是冷漠，满是麻木，空有知识，却没有人情味、没有同情心。这是一件多么可悲、多么可怜、多么可怕的事情。而您，能够做起这样一个事业来，意义多么重大不言而喻。

台上台下，和您交流了许多，更感觉到了您的人格魅力。但是，聊得多了，我的内心却愈发沉重。我一直有个问题藏在心里，很想当面问一问您，却最终没有吐出口。不是不敢问，而是，我的心里其实早已有了再清晰不过的答案，没必要再从您那里获得验证……

我很想问，您在这么多的演讲过程中，是否曾经深深地触摸到一种抵触，一种坚硬，一种格格不入，一种不屑一顾，一种令人灰心、令人怀疑的东西？

您是一个理想化的人，凡是理想化的人，总是愿意以满腔的热诚去触摸世界，总是期盼用美丽的梦想去改变世界。而恰恰是理想化的人，更能够敏锐地感触到那种来自于对面的巨大的抵抗力，更能够体验到“撞了南墙”的感觉，更能够在某些时刻体验到一种无奈、一种凄惶、一种力不从心，甚至是悲观绝望……

您是否在某些时刻，从那些原本天真无邪的眼睛里，读到了一种与年轻不相吻合的“成熟”？这种“成熟”的特征是不再单纯、不再充满热情、不再相信这个世界，纵使您出类拔萃的语言魅力也无法敲碎这种“成熟”所构筑的硬壳！

您是否在某些时刻，突然觉得自己所作出的努力是那么微弱，五彩缤纷的梦想在巨大的社会屏障前碰得粉碎？您是否曾经怀疑一个人的力量到底有多大？您是否会突然觉得，自己曾坚信不疑的改变世界、改变父母、改变孩子的信念有了些许动摇？

您是否在某些时刻，感觉到心力交瘁？一场演讲下来，您是否有过一种空虚的感觉？您是否曾经躲在角落里，在沉默中失落？您是否想过，即使现场多么感人，即使那一刻有很多人的心弦被拨动，一旦时过境迁，这种教育的力量能够持续多久？是否在不远的将来，一切又会灰飞烟灭、回归旧途？

我相信，这样的感觉您一定有过！因为，这是一个理想化的人必然拥有的心理历程。对此，我深有体会。我深深地知道，假设在一场演讲的中途，您已经感受到冷冰冰的坚硬，感受到您所施予的力量以成倍的反作用力击打回来，而您，却不得不勉强继续下去，那将多么痛苦和绝望！

但正因如此，我才会深深地感动，感动于您在触摸到坚硬和冰冷的时候，没有退缩，即使这种坚硬，会伤害到您的睿智的目光，伤害到您的柔软的心，可您依旧在咬牙坚持。这种不离不弃的精神恰恰是最可贵的。就像您自己所说：“我是把自己当作改变中国教育的人来看待的！”说出这句话来，需要多么大的勇气啊！而这样一句掷地有声的话，也无疑是一种宣言，说给世界听，也是说给自己听。它会成为一种动力、一种坚忍，督促着您走在一条荆棘丛生的路上，永不回头！

即使面前真的是“南墙”，也要撞个窟窿出来，破壁成龙！

这句话，算是送给您的祝福，也算是送给我自己的礼物！

（佐文，毕业于中国传媒大学，新闻硕士学位，先后师从于杨澜、赵忠祥、杜青等播音主持艺术家。从2005年开始，他致力于感恩教育和青少年心理健康教育工作。佐文的演讲被各大媒体评为“最震撼人心的演讲”“最催人泪下的演讲”“价值百万的演讲”，使很多学生领悟感恩内涵，学会感恩、懂得感恩、并为感恩付诸行动）

孩子，请扶一下座椅

到阶梯教室听课，常常听到活动的座椅在学生起身的时候发出“乒乒乒乒”的声响，虽有些刺耳，却也能接受。毕竟这种木质的座椅在设计时本身就有这样的缺陷嘛!

可偏偏就有人解决了这个问题：一个刚刚参加工作的老师，带着一群七年级的学生来上课，一起立就让人刮目相看：所有的学生都主动伸出手，扶了一下活动的座椅，然后站起来，那习以为常的杂乱的声响神奇般地消失了。不但集体行动如此，就连上课途中，个别学生起来回答问题时，他也是小心翼翼地扶一下座椅，然后才站起或坐下。动作虽简单，却让在场的每一个人感觉格外舒服……

下课后，我问起这个老师是如何做到的，她淡淡地说：“没什么啊，扶一下座椅很简单啊，学生能做到的。我就是临上课前要求了一下，我觉得这样做是对别人的尊重，也让学生有一点公共场合的文明意识。”

好一个“文明意识”! 真该为这个老师鼓掌叫好!

现实的教育似乎越来越走向“去教育”的趋势，而简单退化为单一地追求“升学率”、追求“高分数”。让学生考出好成绩成为教育的终极目的，只要能把学生培养成“得分高手”“答题技工”，其他的都不重要。虽然素质教育喊起来是“山呼海啸”，可一到现实面前，什么良好习惯的培养、什么文明素质的提升，都退居二线。对不起，别说我的学生不懂文明，我教出来的学生能考高分，你服不服?

没错，分数的确是升学的“敲门砖”，但分数并非一个人融入社会、扎根生活的“万能法宝”。学生一旦走入社会，真正能够让其自食其力、能够被人认可，最终要仰仗于其自身的文化修养和文明水平。作为一个社会人，即使有很高的文凭，如果其毫无公德之心，言行举止粗俗不堪，他能够在人群中出类拔萃、脱颖而出吗？

1994年日本广岛亚运会闭幕式结束后，6万人的体育场竟然没有发现一片垃圾。次日，全球数家报纸惊呼：“可怕”的日本民族。而与之相比，我们却面对着怎样的尴尬呢？据2002年《北京青年报》记者实地报道，“十一”国庆假期之后，40万平方米的天安门广场上竟有60万块口香糖残渣，刨去纪念碑、纪念堂的面积，平均每平方米有5块口香糖残渣。

看到这样的报道，作为教育工作者，除了脸红之外，不该反思一下吗？

在大型集会的时候，是否总有部分学生不懂得尊重他人的劳动成果，别人在台上发言时，他们在下面嘁嘁喳喳地“开小会儿”？

在车站、商场、公交车、图书馆等公共场所，是否总有部分学生大声喧哗，或肆无忌惮地吃东西，甚至将包装纸之类的垃圾随手丢弃，惹来他人厌恶的目光？

在上学、放学的路上，是否总有部分学生耀武扬威地并排骑车，视红绿灯为无形，在车流中“潇洒”地穿行？

在楼道里、教室里，是否总有部分学生恣意追逐打闹，横冲直撞，对墙上赫然挂着的“轻声细语”的标识视而不见？

这些，真的进入教育者的视线了吗？当看到学生出现了上述种种问题的时候，我们还能简单地认为只要有“分数”和“升学率”就可以心安理得了吗？因此，是否将学生的公德教育、文明教育纳入教育的范畴，在很大程度上决定着一所学校、一个老师所进行的是不是“真教育”。

显然，一个人的文明程度并非天生的，需要周围人施以正面的影响和引导，这种文明也并非“假大空”式的、类似于“五讲四美三热爱”的说教，而是来自于最真实的学习实践、生活实践中的“点点滴滴”。譬如，老师坚持教育自己的学生每天放学时主动整理好课桌、带走自己的物品、摆正自己的桌凳、记清自己的作业，久而久之，他们就不会再习惯于集会后丢下一地的垃圾，就不会习惯于丢三落四，因为，他们已经学会为他人着想，照顾好自己。再譬如，每逢集体活动时，老师要向学生强调时间观念，坚持让学生准确选择到位的时间，既不过早，更不迟到，久而久之，他们就会形成强烈的时间观念，就会主动拒绝迟到行为，因为，他们已经学会尊重他人，并享受到被尊重的快乐。

文明，绝不是一个虚空的概念。孩子，请扶一下座椅，文明，已然从你指尖潺潺溢出……

我们的师范教育怎么了

连续两天，学校在招聘教师。我先后听了四个学科二十多名应聘者的讲课和说课。这二十多人大多是近两三年内从师范学校毕业的学生，多数获得了本科学历。本来我对他们的期望很高，但试讲结果让我大失所望。依我来看，这其中鲜有人能成为一个优秀教师的“胚子”。

我不禁要问：我们的师范教育究竟怎么了？

教师在人类进步中所起的积极作用是不容置疑的，师范学校作为培养教师的摇篮，其重要性不言而喻。但我们的师范教育似乎出了种种问题。

问题之一：教师自身的职业素养低下，谁之错？

教师是吃“口头饭”的，自然得能说会道，对不起，我看到的许多应聘者，要么磕磕巴巴、啰里啰嗦，说不出个子丑寅卯来，要么像蚊子一样嘤嘤嗡嗡，不知所云；教师要善“写”，对不起，我看到的多是像蛛蛛爬出来的轨迹摆满黑板，甚或错字连篇；教师还要懂一点课该怎么讲吧？对不起，我见到的应聘者多是自说自话，凌乱不堪，思路混杂，连简单的“照本宣科”都做不到。

很多大学开设了有关教育学、心理学的课程，还有教法课程。但有谁在真正认真地做？据我所知，这些课程在师范教育中并未得到重视。教学中不乏这样的现象：教师平时上课轻松得很，到考试的时候提前把复习范围一划，考场上学生把答案机械照搬，齐活，皆大欢喜，何乐而不为？

问题之二：严重缺乏职场意识，谁之错？

很多应聘者面对评委老师，连最起码的礼貌都没有；试讲的开始和结束都突兀、冷漠；表情僵硬，连个微笑都没有。他们严重缺乏职场意识，缺乏与人沟通的基本能力。在现代社会中，人绝对不能只靠知识生存，因为与他人的交往和沟通能力也十分重要。美国心理学家卡耐基说过，一个人事业的成功，30%来自于才能，70%来自于其交际能力的强弱。看来，我们的师范学生头脑中是没有这个意识的。

学生的实践能力差、与社会打交道的能力差，是个通病。看看学生进行的所谓的社会实践，大多是采取敷衍了事的态度，有几个是真正认真完成、真正在活动中得到锻炼了呢？就连以前雷打不动的毕业实习也一再简化程序，最后只落得找个学校盖个章就实习合格、万事大吉了。以此状况，奢求学生的社交能力强、职场意识强，也的确有点过分。

不是我说话刻薄，在应聘者当中，有些须亮点的无非两类人：一是毕业年限比较长的师范学生，至少是 20 世纪 90 年代中期以前的；二是在师范学校当中的一些学生骨干，他们锻炼的机会较多，也体现出较强的能力。

这好歹也算是对这个活动的一点安慰吧！

融入学生是教育的开端

我不止一次地看到老师困惑的表情：我如此努力，可为什么学生照样拒我于千里之外？为什么我苦口婆心地给学生讲道理，可他们就是不听？

教育行为失败的原因自然是复杂的，但有一点可以肯定：教育是心灵对接的工作，教育者和受教育者之间如果不能心意相通，所有的教育行为必然达不到预期的目的。于是，不难看到这样的场景：学生虽然在规规矩矩地“听”老师的训示，但基本上属于左耳进、右耳出。在教师眼里极其重要的信息，甚至尚未进入学生的意识系统和行为系统就被“删除”了。如此情况下，教师的“教育梦想”能够换来学生的实质改变才怪！

关键就在于教师是否在学生的内心深处。如果学生崇拜、信任、依赖自己的老师，把老师当成自己的偶像或朋友，那么，教师说的每一句话都被视为“真理”，每一个要求都被视为“圣旨”，学生焉有不洗耳恭听、认真照办之理？教育，说白了就是人对人所施加的影响，一个教师不被学生认可、喜欢，进入不了学生的内心，对学生的影响也就无从谈起。即使有时候学生从表面上看起来“乖巧听话”，也是由于教师这个特殊的身份造成的，学生“不得不听”而已，很难说是心悦诚服、心甘情愿。

说到此，我想起了魏巍先生笔下的小学女教师蔡芸芝先生，一个从不打骂学生、温柔美丽的年轻教师，深深赢得了学生的心。魏巍先生写道：“我们见了她不由得就围上去。即使她写字的时候，我们也默默地看她，连她握铅笔的姿势都急于模仿。”试想，一个老师得到学生如此的喜爱，一旦这个老师提出自己的要求和希望，学生会如何对待呢？

因此，融入学生是教育的开端。

如何融入？

首先，要以教师自身的魅力吸引学生。让学生喜欢上、爱上你这个人，进而喜欢和爱上你的“谆谆教导”。浅薄、平庸、讲起课来错误百出却又自以为是的老师很难为学生所接受。知识渊博、谦和宽容、风度翩翩、灿烂阳光，这些因素都会使教师成为学生眼中一道亮丽的风景，从而乐意追随。如果一个教师在学生的眼中“一文不值”，受到排斥和疏远就成为必然。

其次，要想方设法与学生多接触。上课来，下课走，从不肯在教室逗留片刻，无形中就拉大了与学生的距离。从空间角度讲，若老师离着学生八竿子远，想融入学生也就不可能了。早去几分钟候课，与学生闲聊几句，了解学情；下课后晚走几分钟，听听学生是否还有疑惑；在楼道里、在操场上，和学生聊几句与学习无关的闲话，等等，往往都能一下子拉近彼此的距离。课堂之外的教师和蔼可亲，更容易消除学生的疏离感和戒备心。魏书生介绍经验的时候总会谈起，他下课后就在教室待着，甚至就在教室办公，这种“混迹”于学生之中的做法，不能不说是“真智慧”“大智慧”。

再次，教师要学会让脸上有温度，让身段软起来。教师板起脸来，看似威严了，但并不能换来学生的尊重。有的老师极其“吝啬”，从不肯给学生一个笑脸，自以为尽享师道尊严，实则无形之中把自己“架空”了。真正赢得学生的信赖和尊重，往往不表现在学生对老师的“怕”、对老师的敬而远之上。恰恰相反，看似学生可以跟一个老师嘻嘻哈哈、畅所欲言，有些过于随便，但在毫无芥蒂之中，心与心已无限接近。李希贵当校长的时候，他曾穿上滑稽的衣服和学生一起参加狂欢节，这并没有使自己的威信降低，相反，学生都把他当作最好的校长、最好的老师，当然，也是最好的朋友。

最后，教师还要学会主动“示弱”。教师不是神，不要自以为自己的想法和做法都是对的、都是真理。主动征求学生的意见、主动表明自己有些东西不会、主动寻求学生的帮助和建议，这些都能使老师的形象变得更“高大”。教师不妨定期发个调查表或搞次座谈，针对学生提出的质疑，有则改之，无则加勉，这些都是走近学生的“高招”。如果明知道有问题，明知道不懂，却还要硬撑着不去解决，却还要“装”上一番，那就离学生对你“嗤之以鼻”不远了。

当老师能做到像蔡芸芝先生那样，手里的教鞭高高举起，而即将“挨打”的学生却倍感幸福，老师还会为自己的教育总是无效而颇感无奈吗？

教育的起点是信任

常有老师跟我抱怨："为什么我苦口婆心地给学生讲了那么多道理，讲得口干舌燥，总也没有效果啊？你看，学生在我面前俯首帖耳，一副言听计从的样子，可怎么一转脸儿就把我的话全都丢了呢？"

我经常反问这样的老师："你能否觉察出学生用心在'聆听'？你觉得学生是否心服口服地想听到并接受你的那些'道理'？或者说，你是否丢失了学生对你的'信任'？"

很多时候，学生听不进老师的话，原因并非老师讲得没有道理，而是学生不相信老师的话。学生不信任老师，则所有的教育行为都会失效。很多老师就是在这个问题上栽了跟头。

老师努力获得学生"信赖"是非常重要的。

那老师如何博得学生的"信赖"？

"信"来源于教师的以身作则。对学生提出种种要求之前，教师首先要做到。譬如，要求学生书写工整，如果把作业写得潦草，就要受到惩罚，可一个老师在黑板上、在学生作业本上写下的文字却是"张牙舞爪"，类似天书；譬如，不让学生带手机，大讲特讲带手机的种种危害，提出严格的惩罚措施，可一转眼，老师自己的手机就在课堂上肆无忌惮地响起来，然后老师就无所顾忌地接通了电话；譬如，学生迟到要反省，可老师迟到了却丝毫没有愧疚，甚至不给学生一个解释……如此说一套、做一套，"双重标准"，让学生如何接纳？这种情况下，若老师还装模作样、一本正经地给学生讲授人生的大道理，自然只会被学生嗤之以鼻。

"信"来源于教师的一碗水端平。教师失去学生信任的一个重要原因是不公平。这种情况并不鲜见，教师往往是戴着有色眼镜来看学生的。尤其是那些成绩差、行为习惯不好的学生，自然在老师的心头就留下了"差生"

的烙印，这会直接左右着教师的态度。譬如，几个学生同时迟到了，教师很可能会根据学生平时的表现迅速将学生“归类”：那些平时学习成绩好、相对乖巧的学生，教师可能就会轻描淡写，一带而过；而对另一类学生，境遇则大不相同，教师好不容易抓住了他们的“小辫子”，那是注定要死死不放的。优等生如果说因堵车而迟到，教师深表理解，而差生如果也这样说，对不起，很可能换来的就是老师的质疑和冷嘲热讽。对同一件事，若教师采取截然不同的处罚标准，很容易引起学生的反感、抵触，甚至叛逆，信任也就无从谈起了。

如果教师仅仅是因为不满意学生的表现而给他们分了“三六九等”，似乎还情有可原。但事实上，教师的一碗水端不平往往还有更深层次的含义。每个学生的家庭背景不同，他们父母的社会地位不同，经济状况也有差异，可就是这些客观因素往往左右着教师对待学生的态度。对一个“官二代”和一个农民的孩子，也许在某些老师的眼里已经先入为主地有了差异。如此情形下，教师的一言一行、一举一动，甚至一个眼神、一个表情，都会有微妙的差别。这种差别，看似不起眼，却极易被异常敏感的孩子们捕捉到，时间久了，信任也就丧失了。因此，任何以“物”“名”“利”“权”为出发点的教育都会导致信任的缺失。

“信”还来源于有要求就会有检查，有承诺就会有兑现。不难听到老师会这样说：“同学们，这篇课文写得很美，课下大家再读两遍；同学们，这个问题来不及学了，请大家课下自己查阅资料，下节课我们继续讨论；同学们，大家好好努力，期末考试考好了，我陪大家一起去郊游……”结果呢？课下学生书是否读了老师再也不过问；随口说出的“继续讨论”在第二天上课时早就丢到脑后了，让那些精心准备的同学说不出得郁闷；期末考试过去了，学生满心的期待变成失望，如果有“不知趣”的学生非要问起当时老师的承诺，老师总是含糊其辞：“真不能去郊游啊，太不安全了，学校也不同意啊！”布置了没检查，承诺了不兑现，学生就不会再拿老师的话当一回事，就会对老师的说法将信将疑，那信任还从何谈起？

记得看过这样一个经典的故事：

美国加州佛雷斯诺市佛里蒙特小学的女校长赖斯达特，为了激励学生读书，她想出了一个别出心裁的计划，如果同学们在4个多月内阅读700

本书，她便会亲吻一只小肥猪。结果学生没有令校长失望，在 8 月至圣诞节前完成了阅读量。赖斯达特校长信守承诺，从当地一所大学的农业系借来一头肥胖的小猪，在校内安排了一个别开生面的“吻猪仪式”，650 多名学生满心期待地观看校长如何履行诺言，兴奋得不断尖叫，如一群开心的小猪。

校长赖斯达特这一吻，吻得动人，吻得可爱，吻得活色生香，吻出了一个教育者的真诚和智慧，也吻出了学生的信赖和支持！试想，如果她羞于面子，违背承诺，事情又会走向何方？

用科学的爱彰显教育的智慧

没有爱就没有教育，这是有良知的教育者的共识。爱是一种责任，是教师必须承担的职责，是教育生效的必要条件。但科学的爱才能称得上是“真爱”，才会被受教育者接受，才会结出应有的爱之果。换句话说，爱学生是需要能力的，懂得科学地爱学生才能彰显教育的智慧。

可是老师真的都具备爱学生的能力吗？为贫困学生无偿捐物、捐款供其求学是不是爱？无微不至，关心其饮食起居是不是爱？起早贪黑，奔波忙碌，几乎累死自己是不是爱？棍棒交加、威逼厉喝，谓之严格，是不是爱？对调皮者恶劣训斥，谓之谈心，是不是爱？这些问题要回答起来并不容易，因此，看似简单的一个命题，真的要认真寻求答案。

常常有老师和我诉说自己的困惑：“我那么关心学生，那么认真教他们，可是他们还是不领情，为什么呢？”

有一次，我在课间上厕所，刚到厕所门口就听到里边有一个学生在发牢骚：“真是‘最毒妇人心’啊，我们班的李老师真讨厌，她简直想要我们的命，放两天假要我们做《同步训练》上的 30 页练习题，30 页啊！我恨不得……”这位咬牙切齿说话的学生一抬头，正巧看到了我，马上咽下了后半句话，扭头跑了。

这个学生所说的老师是学校的一位数学老师。这位老师真的如学生说的那么可恨吗？据我了解，这位老师很负责、很有能力，课上得也好，她所教的班级数学成绩几乎年年考第一名。她一心扑在教学上，上课认真，下课后还常常牺牲自己的休息时间为那些成绩不好的学生补课。可是为什么她的好心没得到学生的认可呢？简单一句话，这叫“好心办了坏事”。我知道，她让学生在假期完成这么多的作业一定是想让学生考出好成绩，可恰恰是这样的做法，并没有体现出真正地关爱学生。或者说，这样的做法里也包含着“爱”，但这种爱是不科学的，当然难以被学生接受。

也许有的老师会说：“我对他‘严’怎么就不是真正的爱呢？不是说‘严师出高徒’吗？我把作业布置多点还不是为他好？还不是想让他学习好？学生到学校来不就是来学习的吗？学生做错了事我批评他、罚他，这不正是老师负责任的表现吗？”其实，并不是说“严”不好，也不是说批评不行，而是这种“严”的出发点是什么呢？你这种批评的方式对吗？教师们，请扪心自问一下：你真的是打心眼里想让他学习好，让他有一个好的前途，让他成为一个对社会真正有用的人吗？未必吧？很多时候，老师的这种“严”很大程度上是想通过学生的成绩来实现老师自己的人生价值，来证明自己是一个很会教学生的好老师，从而得到他人的认可、社会的认可，甚至得到自己想要的一些实质性的东西。所以老师才会不停地去逼学生，逼他学学学，逼他考考考，“唯分是命”，总把学生的是非与自己的考评挂钩，总把学生的过错与自己的得失相连，但嘴里却说“我还不是为他好”“我这是恨铁不成钢”“我是爱之深恨之切”，可是，两天三十页的作业，是不是可以判定为老师是借着爱的名义做着摧残学生心灵的事？

怎样的爱才是科学的爱，才会被学生接受呢？

首先，科学的爱是因势修枝，而不是一厢情愿的塑造。每个学生的基础不同、个性有异，教师不能忽视这些差异，而简单地抱着将其生产成“标准件”的思维方式来对待他们。这样势必会与学生的实际发展需要相背离，从而导致爱出现问题。我们都欣赏过根雕艺术，如果一个像奔腾的马一样的树根，如果雕刻家执意要用它雕成一座山或者一朵云，最终的结果只能是成为废品，劳而无功。

其次，科学的爱要诱发正能量，而非导向消极。爱要激发学生的潜能，让学生看到生命的本色，体会到生活的希望，从而愿意用饱满的热情和积极的态度面对学校生活。无论老师用什么借口，如果老师口中所谓的“爱”造成的结果是学生灰心丧气、一蹶不振，是破罐子破摔，甚至是远离校园，失去了求学的勇气，那么这种爱不仅是不科学的，甚至是不道德的。

再次，科学的爱系于行动，而非说教。教师应该善于创造机会，通过组织相应的活动，和学生一起经历生活，在现实的生活情境中让他们去理解教师的苦心，去探索人生的道理。那种貌似充斥着爱的意味却空洞乏味的“苦口婆心”，即使是教师“唾沫星子乱飞”，费尽了力气，也往往传递给学生的都是不实在的爱的信号，很难被学生接收，奢谈效果也就不可能了。

第二篇 采得百花成蜜后，为谁辛苦为谁甜

——让学生成为我们的助手

教育的关键就在于教师是否在学生的内心深处。如果学生崇拜、信任、依赖自己的老师，把老师当作自己的偶像或朋友，将老师的每一句话都视为“真理”，每一个要求都视为“圣旨”，焉有不洗耳恭听、认真照办之理？教育，说穿了就是人对人所施加的影响。一个教师不为学生所认可、所喜欢，进入不了学生的内心，对学生的影响也就无从谈起。即使有时候学生从表面上看起来“乖巧听话”，也可能是因教师这个特殊的身份所致的，是学生“不得不听”而已，很难说是他们对老师的话心悦诚服，心甘情愿地按老师的话去做。

老师，请不要“声嘶力竭”

在学校，常会撞见一些令人不爽的场景：老师满腔怒气，“声嘶力竭”，甚至是“歇斯底里”地痛斥学生，而学生，通常是耷拉着脑袋，你根本看不见他的表情，也不知是在忏悔、窃笑还是在酝酿着“反击”……

这是教育应该有的状态吗？

古人云：“润物细无声。”说的是春风化雨，滋养万物，恰可作为教育状态的写真：教育是与心灵对接的工作，是心与心的对话，而最能打动人心的，不是狂风暴雨，因为狂风暴雨往往会让娇嫩的草木折枝断叶，伤痕累累，而清风细雨，则在点滴之间，浸了枝，润了叶，养了根。教育也应该如清风细雨般平和、静谧，闪现着柔美的光泽。

或许有人说，这是典型的理想主义者，通常是要碰壁的。没错，现实的确是复杂的，但老师不能以此作为丢弃教育理想的借口。放眼那些教育名家，如于漪、叶圣陶、魏书生、李镇西，等等，他们面对的学生难道是十全十美的吗？他们难道不会面临学生打架、上课不认真听讲、作业丢三落四的问题？我们何尝见到他们暴戾、狂躁过？相反，他们浑身散发着宽容、信任的气息，从容、平和地面对各种困难和挫折，这本身就构成了一种巨大的力量，直抵学生的内心深处，从而使他们真正成为学生的知己，成为能够掌控和驾驭学生灵魂的大师。反观很多教师，往往不是想方设法地把学生拉到自己身边，而是以“痛斥”“控诉”“咒骂”的方式，将学生拒之于千里之外，“兢兢业业”“一心一意”地在学生和自己之间掘出一道不可逾越的鸿沟，老死不相往来。此乃最愚蠢的做法！如此，奢望教育生效，简直是白日做梦！

有的老师也许会说：“你说得不对，这些学生调皮捣蛋，不对他们采取点强硬措施是行不通的，‘声嘶力竭’怎么了？我的音调一高，学生就学会乖乖听话了！”果真如此吗？不然。老师声嘶力竭、暴跳如雷，或许低年级学生会觉得可怕，但高年级学生已经有了独立的思想意识，他们不仅不会觉得可怕，相反会觉得可笑。他们知道，这是老师无能的表现，会打心眼里看不起这样的老师。老师应该是文明行为的榜样，是文雅人格的典范，是学生模仿的偶像。声嘶力竭、暴跳如雷自然有失教师的尊严，更不要提有什么神奇的效果了。

有一个老师在自己的博客里写到了这样一个案例：

中国儿童艺术剧院的一个剧组随着我们班去公园和孩子们一起做军事游戏，体验做学生和教师的感觉。集合时，演教师的演员大嚷：“集合啦！”导演却听到我声音不大地对一个学生说：“集合吧！”学生大声喊：“集合啦！”我同时一声不响地伸出四个手指头，学生立刻按四个小队排好队；如果我伸出两个手指头，学生就会分男女生各站一队。演员到我们班听课，上课铃响后，我往教室门口一站，一声不吭地看着孩子们，教室里便立刻安静下来。导演告诉演员：“我发现老师是以静制动。”是的，没有经验的教师在这时如果发现还有孩子在说话，就会用比孩子们的声音还大的声音喊：“别说话啦！”有威信的老师说话即便声音不大，也会很有震慑力。

像这个老师一样，没有声嘶力竭，却抓住了学生的心，效果不是更好吗？

这样一来，是不是老师就得学会“伪装”，学会掩饰自己的真性情，就得“夹起尾巴做人”了？非也！一个虚伪的人不可能赢得他人的信任。不“声嘶力竭”，不在学生面前暴露自己的粗鄙、浅薄，并不代表老师不能流露真情。我的初中班主任崔雅庆老师，宽容，平易近人，从来不着急、上火。但有一年冬天，两个同学打架，结果影响到崔老师去总务处领冬季取火的炉具，于是，最旧的、几乎不能用的一套炉具就留给了我们班。结果，崔老师发了两年来我们见到的唯一的一次火儿。全班同学在他大发雷霆的时候哑口无言、痛彻心扉，但心服口服。为什么？因为大家知道，崔老师深深爱着这个班级，爱着每一个学生。

唯有真爱，才可以随心所欲啊！

小议“掏心掏肺”

跟一个有10多年教龄的老师谈起管理学生的话题，这个老师感慨良多：“现在的孩子，良心都不知跑到哪里去了，你看我们做老师的，抛家舍业，废寝忘食，连自己的老人、孩子都顾不上，真是掏心掏肺地对待学生啊，怎么就换不来学生的一点感恩呢?”

不错，这个老师的话反映了一个非常普遍的现象：教师虽然殚精竭虑地付出自己的心血，但很多时候学生并不领情，他们对老师的心血几乎视而不见，难怪老师常常会感到失落。

老师常抱怨环境不好，抱怨学生冷漠、麻木，可这种抱怨除了徒增烦恼之外，无济于事。老师还是应立足于从自身努力出发，才可能改变这种局面。“掏心掏肺”不假，但为何无效？分析起来，不外乎以下两种原因：

一是教师在学生心目中缺乏威信。亲其师，信其道。老师若不是学生信赖的人，学生就会厌恶老师的言行举止，反感老师处理问题的方式，或者对老师的教学不屑一顾，甚至把老师当成“瘟神”一样，唯恐避之不及。如此情况下，即使老师掏心掏肺，学生也难免会片面地认为这属于“假惺惺”的行为，当然不会被认可。这类教师在教师群体中并不少见。我见过一个老师，说话尖酸、刻薄，极尽侮辱之能事，整天在班里阴阳怪气，不是讽刺学生，就是挖苦学生，被学生在背地里称为“万人恨”。这个老师其实很辛苦，每天起早贪黑，追着学生收作业，批作业，拉着学生一个一个地做“过堂式”背诵，搭进了自己很多的业余时间，可惜学生并不买账：“你都不尊重我们最基本的人格，谈什么‘掏心掏肺’？累，那也是活该!”

二是教师“掏心掏肺”的方式不合学生的胃口。教师自认为给学生的是爱，学生就该欢天喜地、感恩戴德地接受吗？未必。一个老师发现学生不讲卫生，习惯很不好，她当着全班同学的面儿说：“某某同学，要养成洗澡的习惯啊，不然身上会很臭的，既影响到自己的身体健康，也招同学们烦啊!”这个老师像“慈母”一般，语气可谓非常柔和，她也是真的出于对这个学生的关心。可是结果呢?换来的是该生当场对她的怒目而视，让她下不来台。为什么会这样?这个老师没有注意到学生的“心理需求”，把一个处在青春期的男孩儿渴望在女孩儿面前保持“白马王子”形象的梦想无情地击碎了，这种不恰当的“掏心掏肺”得到仇视和敌对也就不足为奇了。这就像吃东西一样，老师自认为“红烧肉”最香，就将其拼命地塞到学生嘴里，自以为是对学生好，殊不知，有的学生偏偏喜欢的是“小葱拌豆腐”，这样将“好意”强加于人，换来的很可能就是学生的“消化不良”。

教育是与心灵对接的工作。既然是“对接”，就得双方都能对准“茬口”，否则，双方需求之路打不通，所有的情感、经验、启发等“活色生香”的东西，都无法顺利地传递到学生的内心。因此，充分尊重学生的需求，按照他们的生理特点、心理特点来施以教育，不逆势而上，不“针尖对麦芒”，学生就会理解和接受教师的“掏心掏肺”。这就需要教师打破惯常思维，改变以“我的认识”为主的做法，而以“学生的认识”为主。这就是说，“掏心掏肺”也是需要技巧的。否则，很容易遭遇“热脸贴上冷屁股”的尴尬。

当然，即使“掏心掏肺”暂时没有收到效果也没关系。在适当调整给予学生爱的方式的同时，教师也要放平心态，只要一心向善、向真、向美，“掏心掏肺”迟早会产生效益，只不过需要一点时间罢了。

这正应了那句话：“教育是慢的艺术。”在塑造人的心灵的问题上，渴望有“立竿见影”的效果，本来就是不可能的!

别把学生推到对立面

一个班主任怒气冲冲地带着学生到我办公室诉苦："这个孩子我管不了，根本就是把我的话当耳旁风，说什么都不听，他爸爸一会儿就来，我倒要问问他，他是怎么教育儿子的，到底还管不管，要是家长都管不了就别往学校送，干脆滚回家……"

他滔滔不绝地数落着这个学生，我却一直暗自观察着站在这位班主任身旁的男孩子。男孩子一开始表情比较凝重，略带不安，但随着老师"控诉"的深入，他忽然轻松了，脸上甚至露出不屑和满不在乎的表情，仿佛看出老师已经是"黔驴技穷"了……

我充满了惆怅，显然，教育行为又一次失效了，这次"教育措施"不仅没达到应有的目的，相反，副作用明显。但"义愤填膺"的班主任依旧蒙在鼓里，以为能通过这种"声讨"的方式转变自己的学生。

问题学生的确让老师感到头疼不已。但愈是如此，愈要讲求方式和技巧。"教育"绝不是一个简单的、思维僵化的问题，可惜很多教师常常陷入一个误区，总渴望通过"高压"使学生"臣服"，结果往往适得其反。后来，我了解到，事情的来龙去脉是这样的：该生的数学作业没有完成，在老师询问时，又没有拿出应有的沉痛忏悔的"姿态"，自然一下子点燃了老师满腔的怒火，平时该生的种种劣迹一下子涌上老师的心头，陈芝麻烂谷子全抖搂出来了，接着就是一番数落和挖苦，矛盾由此升级……

在管理工作中，教师最容易犯的错误就是把被管理者推到对立面上，其实这是管理者最不明智的做法。试想：仅仅是一次作业没有完成，就闹到这样不可调和的地步，使得师生情感僵化，双方怒目相向，真的值得吗？难道没有更好的处理办法吗？

其实，任何一种状况发生后都会有若干的处理方案，而最佳方案，往往只能在冷静的情况下诞生。但遗憾的是，很多教师往往成了情绪的奴隶，在最不理智的时候做出决定，结果自然是最糟糕的。或许这位班主任并不认为自己是在脑袋发热的情况下处理问题的，因为在他眼里，这个学生就是一块最难啃的“骨头”，只要他一有问题就要给他个“下马威”，否则根本管不了。殊不知，强制管理是管理，而人文关怀更是一种管理。如果从思想上就把学生摆在对立面，时刻摆出你死我活的“决战”的架势，那教育怎么可能生效？就如同对这个男孩子，老师的“下马威”倒是给了，可是学生真的服气了吗？如果落个“口服心却不服”，那么，这就是教育最大的尴尬！

我们一直在喊“师生关系要平等”，可惜师生关系的平等，往往成了只落在纸上的“文字符号”，教师虽然口头上喊着“蹲下身子”与学生谈话，喊着“自己也曾是学生”，但一遇到实际问题，教师的“架子”和“身段”就放不下来了，尤其是对那些“屡教不改”的差生时。魏书生老师说过：“教育学生的时候，力争不要在学生的对立面，让学生怎么样，不让学生怎么样，而要力争站在学生的心里，站在学生真善美那部分思想的角度，提出：我们需要怎样，我们怎样做能更好！”在这一方面，他有自己的一套做法。譬如，学生迟到了，如何处理？有的教师只是轻描淡写地提醒学生下一次不要迟到，这样的处理效果显然只是隔靴搔痒，也许还会助长学生的不良习惯的滋长；有的教师却是大发雷霆，威胁学生“下一次再这样，你就在教室门口站岗”。但只是雷声大雨点小，并不能收到很好的效果。魏书生老师是怎么做的呢？他会说：“来，唱一首歌。”这就是他的一条班规：若学生犯了一些小错误，就要当众唱一首歌。这是一种很有创造性的教育方式，既不会显得过于强硬，又能恰当地提醒学生要注意不再犯同样的错误。这种做法在一定的程度上，还能密切师生、同学之间的关系，调节班级气氛。当学生站在讲台上，在自己的歌声中，在同学善意目光的注视下，就会提醒自己不要再犯错误了。这与很多老师动不动就把“战争”扩大化，把学生当作不可饶恕的“敌人”，把学生的错误理解为不可救药从而狠狠批评的做法比起来，显然更富有智慧。

因此，解决问题的关键在于顺乎人心。这就如同“庖丁解牛”一样，找准筋骨缝隙，下起刀来才游刃有余，相反，不找破绽，只求一时痛快，手起刀落，恐怕矛盾没有解开，却落得铩羽而归的“卷刃”之结局。因此，教师必须站在学生的立场上思考问题，即使他们的行为出现了偏差，也不要轻易采取极端的方式，把他们当成敌人，要么打击，要么“消灭”，那教师在教育中就偏离了轨道，恐怕“逆反”“软硬不吃”的学生会越来越多。

如果这个老师当时能这样说：“忘了没关系，这些作业你能做吗？如果能做，马上补上；如果不能做，老师给你讲讲。”恐怕就是另外一种结局了！

从“究竟该谁挨冻”谈起

前几天，学校举行期末统考。由于考场布置的特殊要求，加上学校场地紧张，不得已，部分学生不能在正常的教室考试，只能被安排在阶梯教室、礼堂等场所考试。由于天气较冷，阶梯教室和礼堂显然比普通教室的温度低一些。教务处采取惯常的“大排队”方式安排考场，将学习成绩最优秀的100多名学生安排到礼堂参加考试。没想到，就是这样一个不经意的安排，却遭到了许多人的质疑。

从考试开始，陆陆续续有监考的老师满脸困惑地问我同一个问题：“为什么要把这些好学生放到礼堂挨冻？把那些差生放到这里，是不是更好一些？”

说实话，我的确没想到大家会不约而同地作出如此的反映。至少，在考虑这个问题的时候，我从来没想过，究竟哪些孩子“该挨冻”，而哪些孩子要放到温暖的教室里倍加“呵护”。于是，我只得一遍一遍地说：“为什么不能这么安排？在谁该挨冻这个问题上，所有孩子都是一样的。难道，仅仅因为学习不好，就该去挨冻吗？”

我不知道这样的解释能不能让老师理解。但我知道，很多人在心里实际上早给学生划分了三六九等。正是由于这样简单的、粗暴的、想当然的“分层”，使教育中的所谓“尊重”“平等”，全部化为了泡影。

不妨去看看教育实际：最差的座位，留给“坏”学生；最严肃的表情，留给“坏”学生；最恶毒的语言，也留给“坏”学生。在这些所谓的“坏”学生面前，老师是“秋风扫落叶”一般无情，而在成绩优异的学生面前，老师奉献的却是温暖的春风和和煦的阳光。“一碗水端平”？无处可寻。

姑且不说仅凭学习成绩的好与差来评定学生有些过于草率，毕竟学生的发展涉及德智体美劳五个方面，退一步讲，即使有些学生出现了问题，即使有些学生给老师带来了很多麻烦，教师是不是就该轻而易举地将其“打入另册”，是不是就可以轻而易举地“盖棺定论”呢？不是常说，一个优秀的教师要善于发现学生的“闪光点”吗？为什么这些学生站在我们面前，很多教师却根本不能以一颗平常心来对待他们呢？为什么不能本着“治病救人”“死马当活马医”的心思来尽最大努力进行挽救呢？这是一个教师的职责问题，更是良知问题。

其实，任何一个人，当然，也包括这些所谓的“差生”，都有一颗渴望得到别人尊重的心。只不过，由于他们在人群中“落伍”，他们的自尊心隐藏得更深，他们在种种挫折和打击面前，变得更加敏感和脆弱。试想，在这种情况下，假如一个教师并没有公正地对待他们，一旦有类似于“挨冻”这类的“好事”，总是先想到他们，总是鼓励他们“责无旁贷”“勇敢担当”，久而久之，他们的心理状态会如何呢？我一次一次地跟老师们重申一个观点：很多“差生”是老师一手造成的！这句话虽然很不中听，但细细想来，是不是事实呢？

亲爱的老师啊，当你举起教鞭的时候，请你考虑一下，你的教鞭下没准儿有“瓦特”，没准儿你的教鞭就在不经意间把中国的“瓦特”扼杀了；你的冷眼里没准儿有中国的“牛顿”，当你把漠视的目光投给他的时候，他幼小的心灵在震颤，没准儿你的一个冷眼就让他的热情冷却了；当你讥笑学生的时候，你的冷嘲热讽中没准儿有未来的“爱迪生”……你的讥笑也是对自己是一名教师的嘲讽。

教师眼里应该只有“平等”这两个字，对学生不应该有优劣之分，不应该有贫穷和富贵之分，不应该有高低之别，也不应该有“小灶教育”。

教师的职业是“传道、授业、解惑”。在很多老师的眼里，学生就像一个敞开口的口袋，老师只要把知识传输进去就可以了。优秀的学生“口”张得大大的，得到的知识更多，而那些“差生”，总是闭拢了自己的“口”，任你费了九牛二虎之力，仍然无法把口袋装满，自然，在老师眼里，他们也就是一副无法直立起来的、空瘪的样子。然而在埋怨学生基础差、能力差的同时，老师们是否也要仔细想想，是不是自己一点一滴的行为，慢慢地将学生打入了“地狱”，使他们再无勇气和自信？

谁能成为“伯乐”?

千里马常有，而伯乐不常有。这句话简单而透彻地说明了这样一个深刻的道理：人才需要发现和培养。作为教师，审视自身成功与否的时候，是否也可以有一个标准，即看自己能否成为一个“伯乐”，能否在莘莘学子中发现那些有潜质的学生或学生身上的潜质，并将其挖掘出来，从而促进他们的成功。

恐怕以此标准来衡量时下的教师，绝大多数人会“汗颜”，恐怕也不会有几个人敢拍着胸脯说：“我就是当之无愧的‘伯乐’!”

相反，不能用辩证的观点看待“学困生”，不肯做好“学困生”的教育转化工作，对“学困生”的歧视、讽刺和挖苦之风在个别教师身上有愈演愈烈之势，而且，这些做法还常常披着“为了学生好”的美丽的外衣。于是，以学生成绩排名次、编座位，给予“学困生”边边角角的特殊地带，甚或不理不睬，“淡然对之”的做法在校园里屡见不鲜、见怪不怪。虽然陶行知先生在若干年前就告诫老师们：“你的教鞭下有瓦特，你的冷眼中有牛顿，你的讥笑中有爱迪生!”但事实上，有多少学生因为某种不足而被教师轻而易举地“盖棺定论”，打入了“地狱”? 哪还管你是不是“瓦特”“牛顿”“爱迪生”! 曾看过这样一些数据：全国少工委的一项统计表明，在我国现有的3亿学生中，被老师和家长列入“差生”行列的学生已达到5000万人，每6个学生中就有一个“差生”，他们在学业上不再被认为有什么希望，成为家长和老师眼里的“问题孩子”。根据这样的统计，这一总数相当于1个法国、10个瑞士、100个卢森堡的总人口数。姑且不论这个数字的真假，既然有此一说，也就的确表明了教育中存在着如此的“咄咄怪事”! 我想到的是，这些孩子难道真的“无可救药”? 本来能够伸出手来去拉着他们一起前进的老师，又在哪里?

据报道，鲁西南深处有一个小村子叫姜村，因为这些年村里几乎每一年都有几个人考上大学，有的还获得了硕士甚至博士学位而闻名遐迩，所以方圆几十里的人没有不知道姜村的，人们会说，就是那个出大学生的村子。久而久之，人们不叫这个村子为姜村了，“大学村”成了姜村的新名字。

姜村只有一所小学校，每一个年级一个班。在以前，一个班只有十几个孩子。现在不同了，方圆十几个村的村民都千方百计地把孩子送到这里来，人们说，把孩子送到姜村，就等于把孩子送到了大学。

在惊叹姜村奇迹的同时，人们都在问，都在思索：是姜村的风水好吗？是姜村的父母掌握了教育孩子的秘诀吗？

假如你去问姜村的人，他们不会告诉你什么，因为他们对秘密似乎也一无所知。

在20多年前，姜村小学调来了一个50多岁的老教师，听人说这个教师是个大学教授，不知什么原因被“贬”到了这个偏远的村子。这个教师教了不长时间以后，就有一个传说在村里流传：这个老师能掐会算，他能预测孩子的前程。原因是，有的孩子回家说了，自己将来能成为数学家；有的孩子说，老师说他将来能成为作家；有的孩子说，老师说将来他能成为音乐家，或者，将来能成为钱学森那样的人，等等。

不久，家长们又发现，他们的孩子与以前不大一样了。他们变得懂事而好学，好像他们真的是当数学家、作家、音乐家等的材料了。老师说会成为数学家的学生学习更加刻苦；老师说会成为作家的孩子，语文成绩更加出类拔萃。孩子们不再贪玩，学习都很自觉。

家长们纳闷，也将信将疑，莫非孩子真的是大材料，被老师道破了天机？

这样过去了几年，奇迹发生了，这些孩子大部分以优异的成绩考上了大学。

这个老师在姜村人的眼里变得神乎其神，他们让他看自己的宅基地，看风水，测自己的命运。可是这个老师却说，他只会给学生预测，不会其他的。

这个老师年龄大了，回了城市，但他把预测的方法教给了接任的老师，接任的老师还在给一届又一届的孩子预测着。

这则故事不能不引起我们的思考。有人说这是信念力量的典范。学生们抱着将来成为科学家、画家、文学家的梦想，从此有了发愤苦读的决心和力量，在坚持不懈的追求下，终于实现了自己的理想与抱负。美好的信仰确实能促使人们走向成功。

但是，进一步讲，在这些农家孩子身上是否有可造就成才的潜在能力呢？那些徜徉在烂漫山花间的孩子们，本身并不缺乏各种成才的智能，只不过没人发现而已，缺乏点拨、引导，周围生活环境没有给予应有的刺激，致使他们很难走出这一片小天地。由此，我们不难推测出，正是这位“被贬”的教师，以敏锐的观察发现了学生内在的智能倾向，采用了被学生乐于接受的教育方法，所以，学生们成才了。教师对学生科学地判断、评价，循循善诱地有效促进，对学生的一生将产生巨大的影响。这不正是“伯乐”的行为方式吗？

不识马之人，“策之不以其道，食之不能尽其材，鸣之而不能通其意”，千里马就在他们的手中“骈死于槽枥之间”。而再看很多教师，如果不能发现学生的闪光点，不能挖掘他们自身的特长，不能让他们从平庸中脱颖而出，必然成为庸师，必然会一次次、“成批量”地做着损毁孩子一生的可怕行为，这与明明千里马就在眼皮子底下，却仰天大呼“天下无马”之人何其相似啊！

“记忆力超强”莫过于学生

突然写下这么一个看起来有些莫名其妙的题目，是源于我的一个反省：作为教师，谁能够清楚地了解，到底自己的哪些行为会被学生刻进记忆，终生难忘?

昨天，突然有一个陌生人在QQ上向我发出好友申请，一聊才知道，他是2004年从我所在学校毕业的一个孩子，他偶然间进入了我的博客，看到了我的QQ号码，这才加了我。2004年，那是我刚到那所学校半年多的时候，怎么会有一个学生记住我呢?并且还“口口声声”地说对我的印象非常深。

好奇心让我跟他聊了起来，我这才知道原因。

原来，在他没认识我之前，他曾在“非典”期间的“空中课堂”看过我的一节课，讲的是《有的人》，而他，从此喜欢上了那首诗。我给他们上过几次晚自习，而第一次晚自习，我就他的书写问题批评过他，而他当时并不服气。我曾经观看过他们的体育锻炼，而他，在一次立定跳远中跳得很远，同学们一阵欢呼，而我却板着脸说：“这也值得欢呼?”我曾经无意间和他在食堂的同一桌上用餐，我招呼道：“那个同学你过来。”本对我有所畏惧的他忐忑不安，不知道我为什么叫他，却没想到，我只是跟他聊了聊前一天晚上杨利伟进入太空的事。他上了高中之后，遇到了我曾教过的学生，他惊异于我被那些同学夸上了天。他好奇地向我求证，当年我是不是曾把自己写的文章让同学们抄写下来，混在大家的作文中，让同学们评分。我自豪地说，是，而且，在班里得了第三名……

仅此而已，这几乎就是我在他记忆中的全部，但他却念念不忘。

就是这些看起来毫不起眼的行为，却被学生以“超强的记忆力”铭记于心。为什么?其实，每一个孩子的心都是澄明的，他们能够敏感地觉察到教师的一举一动中透露出的信息，这样的信息究竟是关爱还是嫌恶，是关注还是无所谓，是宽容还是鄙夷……这些信息，决定了一个教师行为对学生产生的影响力，即使是同一个行为，因为背后支撑的思想理念不同，也往往会产生截然不同的教育结果。

敏感的心，决定着一个学生对老师的行为是欣然接受，还是左躲右闪……

这个学生参加了西部志愿者行动，明年，有可能也会成为一个教师，实现他的梦想。

祝福他梦想成真——这是每一个教师对学生都应该有的最真挚，也是最淳朴的情感……

还记得有一个朋友，现在已经成为某一教育局的领导，但他一直尊我为“老师”。其实，我并没有真正教过他，只是一个很偶然的机会给他的班级代过一节课。在那节课上，我把自恃聪明、故意弄出点花样吸引大家注意力的他叫到了教室外面。就在他憋足了劲来准备对付我的“痛斥”时，我却完全出乎他的意料，问他：“是不是老师哪里做得不好了?”就这样一个再简单不过的问题，却让他惊异不已，因为他从未见过这样不合常规来处理问题的老师。于是，他告诉我，一辈子都要记得这样的一个老师。

真心地希望所有的老师，都会有一些行为让学生一辈子牢记在心头，温暖他们的一生。我想，这就是教师的最伟大之处。对一个教师而言，最快乐的事莫过于不会被自己教过的学生遗忘了。

做一束阳光

今天读了网易博友“玻璃杯”的一篇关于“班主任管理心得”的文章，为“玻璃杯”的欣喜发现而感动，为她的忧心忡忡而伤感。一个小小的改变，却打开了一个完全崭新的世界。那些在大家眼里“调皮捣蛋”“不可救药”“不明事理”的孩子，突然变得乖巧了，懂事了，集体观念强了，“不好意思”再犯错了……

这就是宽容和爱的力量！

有人说，每个孩子心里都有一个要当好孩子的愿望。没错，来到这个世界上，没有任何一个孩子是天生不求上进的。可是，目前很多教师面临的却常常是学生的对立，家长的不理解，导致教师的威信不断受到冲击，那点“师道尊严”甚至被剥夺得“体无完肤”。教师除了哀叹外，除了埋怨外，是不是更该多一点反思？

当教师一次次丧失理智般地体罚孩子时，谁还敢拍着胸脯说“我爱学生”？

当教师想方设法地打击“差生”，甚至要将他们赶出校园时，谁还敢堂而皇之地说“我是为了学生好”？

当教师没有了丝毫的宽容和谅解，对学生“一刀切”“一锅煮”，谁还敢大言不惭地说“我是为了当个好老师”？

现实就是这么残酷，我们必须接受这样一个无奈的事实：“差生”不是与生俱来的，在很大程度上，差生是被老师们用硬性的动作体罚和软性的语言暴力“逼”出来的。

某日，一个班主任又和一个原本算不上“差生”的女孩子以及她的家长吵起来了，双方恶语相向，大动肝火，而起因只是这个女孩子距离老师规定的到校时间晚了 15 分钟。我一直在想，这件事情难道只能这么处理吗？处理之前老师是不是已经戴上了“有色眼镜”来看待学生？是不是根本没有去预判这样的处理方式可能造成的负面结果？

教师的心态失衡是出现此类教育问题的根本原因。不能完全用工作忙、压力大来解释，失去了爱心和耐心，处理问题过于草率和简单，诸如将学生轰出教室之类的举动已经完全不在“教育行为”的范畴之内了！

学生是活生生的人，他们有血有肉，有心灵，有个性，有尊严，一切教育行为要顺乎这些而动，这样才是有效的。其实，学生需要的并不多，也许只是教师的一个微笑，一次鼓励，一点认可而已。

或许教师本该是一束阳光，将一点温暖送进学生的心灵。如果每位教师都能做到如此，“玻璃杯”教室里的那盆花很快就能绽开了吧？

附：网友“玻璃杯”的博文《教室里有了一盆花》

惩罚绝对不是教师管理班级的最好办法，而且用得越多，后果越严重。

这是我在长期的班主任工作中得出的最深刻的体会。然而，在我的身边，满眼都是遭到惩罚的学生：罚站，罚请家长，罚写多遍作业，罚写检查，罚写保证书，罚去操场跑步，罚做值日，甚至罚钱……惩罚的名目繁多，老师们甚至为谁想出了一个别出心裁的惩罚方法而欢欣鼓舞，互相效仿。结果却往往令人失望。学生犯错的“手段”越来越高，脸皮也越来越厚，经常让老师无计可施。

最近，我决定不再动辄对学生进行惩罚。我把班里的各项事务进行了细致的分解，大到地面卫生、墙面卫生，小到一个角落，都分配给学生管理，民主分工，明确职责，加大监督力度，及时总结反馈。我发现学生情绪空前高涨，班级充满了前所未有的生机和活力。这比我原来采取的任何更严重的惩罚都有效果。这个发现让我欣喜若狂。于是我“变本加厉”，发动学生为班集体服务，很多学生主动要求承担某项事务的管理，班级情况正在好转。

今天，吕金盛说李光南买零食，但及时意识到自己的错误，主动找到他这个负责人“负荆请罪”；班里的课桌排列得特别整齐；讲桌擦得特别干净；课堂上随意说话的现象大有改观；卫生区没有一块乱吐的口香糖；英语老师说今天课堂气氛很好……

最让我感到意外的是，成绩排倒数第一名、最难管理的张愉竟然从家里拿来一盆花放在了讲桌上，这盆花让教室和窗外共同散发着一派盎然的春意。

我没有惩罚任何一个学生，没有请任何一位家长，仅仅是让学生做了一点事情，可他们就很有心地去做了，多么可爱的孩子呀！

但是，我依然很伤心，因为我可以改变我自己，可我却不能改变所有的老师。

我很高兴地把班里的变化告诉给各位任课教师，并告诉他们这个如此奏效的方法，希望他们能够共同配合，但我的话在这里却没有了“市场”：“我可管不了这么多。”“某某我可要放弃了。”“谁谁根本就无可救药。”“下节课我还让某人到教室后面站着。”“你看这作业，我能把他教会么？”“家长再不来，我就再也不给他机会了。”……

各位老师，你们知道我有多么无奈吗？曾经我是多么配合你们，可我们的教学效果又如何呢？你听见学生在大声地背诵“其真不知马也”了吗？

长期以来，在优秀率和及格率的指挥棒下，很多教师完全失去了淡泊宁静的心态，而急功近利的浮躁让教师这个群体几乎心理变态，失去了个性，失去了爱心，失去了思考，失去了赏识，从而失去了尊严。当堂而皇之地说是为了学生好的时候，老师，你可曾透过家长的目光看到社会对你善良的内心的误解？可曾看到家长对孩子为何如此厌学的迷茫？可曾感受到学生对能够和自己谈心里话的老师的期盼？

现在，我除了跟学生说“同学们，宽容老师对你们的误解吧，因为，被别人认可是需要时间的”以外，我无话可说，因为，孩子，比成年人心胸更开阔。

此时，已是暮春时节，满眼的新绿正在随意地蔓延，雨后的树叶灼灼生光，迎春花早已开过，可是，教室里的花何时才能绽放？

“满天下”的是谁之“桃李”

教师这个行业一直有着耀眼的光环，譬如，“太阳底下最光辉的事业”“人类灵魂的工程师”之类的赞誉比比皆是。但现实中，教师的真实地位颇让人无奈，其经济地位、社会地位都远未达到应有的高度。

前几天，我跟几个老师聊天，提起辛辛苦苦教过的很多学生一毕业便“销声匿迹”“踪迹全无”，埋怨学生没有良心，白教了。我便想起自己前些年在一线教学时教的那些孩子，现在已经全部成人了，有很多都已经为人父母。可令人欣慰的是，他们当中有相当一部分，每年都会相约来看望我，到我这里“蹭”顿饭吃。即使不能来的，也经常会给我打电话，发短信、电子邮件。这可能是最值得一名教师高兴的事吧。我也会经常回忆起某个学生当初与自己发生的点滴的教育故事。有些人虽失去联系多年了，但我坚信，并非彼此不再牵挂，而是生活的现状暂时让我们有了距离，而非他们真的忘记了我。

由此想到了一句话：“桃李满天下。”这可以算得上是对教师成就的最高评价了。这句话是说一个教师常年投身于教育事业，教出的学生已经遍布世界。但想想这又不是那么简单，一个教师教了若干年，就一定是“桃李满天下”吗？

有一个40多岁的男老师，脾气暴躁，行为另类，常有些出人意料之举。在课堂上，他对学生非打即骂，自以为对学生很关心和重视；在校园外，每当他在路上遇到自己教过的学生，如果人家没跟他打招呼，他定要怒气冲冲地追过去，质问一番。后来，大家谈起他的行为，有老师就问：“没错，那是你教过的学生，但人家认你这个老师吗？”

如果一个老师没有给学生成长所必需的春风、春雨，没有给“桃李”提供开花结果的机会，甚或在学生最需要阳光、雨露的时候，却劈头盖脸地给予了凄风苦雨、冷露寒霜，那么，当“桃李”长大的时候，会承认你这个老师吗？

学生的成长不是一个纯自然的过程，他们需要家长的呵护、教师的关怀。但是，如果在一个教育者的眼中，已经不存在某个学生，已经将他们从自己关注的范围内剔除，那么学生最终的成长还会与教师有关吗？更别提教师打着“善良”和“正义”的名义，肆意剥夺学生学习和成长的权利了！

从我们身边走出去的学生很多，他们也在各行各业施展着自己的才华。不过，当老师的千万不要自作多情地把他们当作自己的“桃李”，吹嘘一番，张扬一番。要时刻警惕，或许教师在教育行为中的一点疏忽，一点怠慢，都会被学生捕捉得一清二楚，人家是否承认是你的“桃李”也未必可知呢！

付出才有收获，这个道理全世界相通。当教师也一样，只有费尽心血去浇灌这些“桃李”，无怨无悔，从手下发育和成长起来的每个孩子，才能真正成为我们的“桃李”。这是做教师的最大的幸福了！

谈谈“青出于蓝”

为了让不经常给初三年级学生上课的老师了解中考的考试动向，提高对整个初中阶段教材的整体认知水平，学校组织任课教师跟随初三的学生一起参加了一次中考模拟考试。第一场是语文科目考试，结果，这一考就考出了问题。最后的分数姑且不谈，单是老师们愁眉苦脸的表现就足以说明问题了：

优秀的学生早早地就答完了试卷，可老师们还在奋笔疾书；

优秀的学生卷面干净整洁，可老师们的试卷上字迹潦草，“惨不忍睹”；

优秀的学生写出了一篇篇美文，可老师们苦思冥想却也无从下笔，甚至主动提出放弃写作文……

在总结这次的模拟考试时，我表达了忧虑和疑惑，可有人竟说：“这叫青出于蓝而胜于蓝嘛！您应该高兴才对！”

好一个“青出于蓝”！

的确，在教育中，我们期望“弟子贤于师”，这样人类才能不断地进步和发展。可如果“蓝”太过于轻而易举地被“青”胜过，这也不正常吧？

看看现在，不学习，不思考，不上进，成为很多人生活、工作的常态。进修时作弊，论文不是自己写的而是直接从网上拷贝的，不接受新鲜的资讯，苦守着那点陈旧的“家底”度日。除了借助“教师”这个特殊身份，对学生指手画脚，对学生提各种要求外，教师对学生似乎已经没有其他什么影响力，更没有什么地方值得学生效仿和崇拜了。

对于教师而言，其渊博的学识是赢得学生信赖的根基，仅凭花哨的教学技巧可能应付一时的考试或检查，却难以让教师长时间立足于课堂之上。试想：在过去，强调教师准备好“一桶水”，后来，又有人提出教师应该有一个“泉眼”。而现在不仅“泉眼”枯竭了，连那“一桶水”也蒸发殆尽，呈现出的必然是苍白和孱弱，又凭借什么来打动学生的心呢？学生没有了对教师的欣赏、尊重和崇拜，教师就离“庸师”不远了！

“身教重于言教”，这是一个亘古不变的真理。教师面对一个普通的作文题目，咬破笔头，抓耳挠腮而不得灵感，又如何能堂而皇之地批评学生不肯写作文、不会写作文？过去，有心的教师还肯“下水”畅游一番，而现在“功能”逐步退化，只剩下要要嘴皮子，以软弱无力的说教给学生提些不着边际的要求，实在是一种悲哀！

其实，对这种情况，我早已有所预见，但仍不免感到失落。教师这个行业总是无法提高其社会地位，这除了与社会大背景息息相关外，恐怕也跟教师队伍自身不求进取脱不了干系吧？路是自己走的，我们总在跟学生讲要通过努力赢得一方世界，是否也该把这个道理用在教师自己身上？

最后需要提一笔的是，我也跟其他老师同时参加了考试，并用了一半的时间答完了所有的题目（对错先不论，速度绝对是最快的）。转到其他考场的时候，再看学生答题的神情，不由得多了些亲切感！大概是由于彼此经历了共同的生活体验吧！

但愿其他老师也有同感！

教师要以渊博的学识赢得学生

曾经在报刊上看到过这样一篇小文，觉得很有意思，便摘录了下来：

屈指算来，已经做了两个月的新生，新生的感觉似乎已经被时间洗得发白，对大学生活的憧憬变成现实的课程一节节地流逝，新生们在逐渐融入大学生活的同时，也渐渐体会出一些大学生活的“真谛”。

以鄙人集了两个月的“功力”分析，教师的水平大体可分为三等：能让学生们个个挺直腰杆，随自己天南海北，上天入地，此乃上等；能抓住时机在学生半梦半醒、眼睛半睁半闭、将睡未睡之际，突然炸雷似的吼一声：“别睡了！”此为中等；当然，自己在讲台上讲得唾沫横飞，学生在台下睡得口水直淌，鼾声如雷，这样的教师，水平为下等。

善解人意的课程调配者似乎也明白这个分类，上等课全安排在上午，中下等课则“屈尊”在下午。于是，经过上午艰苦卓绝的“精读”“高数”等课的洗礼，学生下午便可在老师舒缓平和的“催眠曲”中安然入睡，亲吻桌面，让口水自由流淌。

当然，被安排在上午的上等课也难免鱼龙混杂，吹牛皮、侃大山的说书先生也大有人在。从合资企业的月薪到学校福利分房，从比尔·盖茨的最新创意到国庆阅兵，无所不包，无所不有。只可惜，我们在惊叹其将大千世界容纳于小小课堂的同时，却不知其在教授哪门课，真是“孺子不可教也！”

教师教学魅力之高下，在这篇高校学子的幽默“大作”中可见一斑。

大量的事实证明，学生不喜欢那种授课古板、单调的教师，而喜欢那些不仅学识渊博，而且兴趣广泛、多才多艺的教师。教师兴趣、特长的丰富性，将表现出教师自身人格力量的丰富性，同时，会对学生产生巨大的影响力，使其成为学生效仿的榜样。这样的教师将会如一块磁石一般，牢牢地把学生吸引在自己的身边，能真正培养出“自己的学生”。

中国早期话剧活动家、艺术教育家李叔同先生教图画、音乐课时，学生把图画、音乐课看得比国文课还重要。这是有其人格作背景的缘故。因为他虽然教图画、音乐课，但他所懂的不仅是图画、音乐，他的诗文比国文先生的还好，他的书法比习字先生的还好，他的英文比英文先生的还好……这种深厚的文化底蕴，显然是一个普通的图画、音乐老师所不能及的。

从学识方面来看，教师应该是走在时代前列的人。自古以来，要想做一名合格的教师，其首要一条就是具备深厚而广博的学识。一名理想教师的知识结构包括以下三个方面：广泛、深厚的科学文化基础知识，扎实、系统、精深的专业学科知识，全面、准确的教育科学知识和心理科学知识。这要求教师不但对所教课程要有精深的认识，还应有广博的知识。所谓“精”，就是要知得“深”，对专业知识不仅知其然，而且知其所以然；所谓“博”，就是要知得“广”，能触类旁通，具有相关学科的知识。苏霍姆林斯基在《给教师的一百条建议》一书中，讲了一个生动的故事：

有一天，一个有33年教龄的历史教师上了一堂观摩课。课上得很成功，听课的老师们都忘了记笔记，听得入了迷。课后，有老师问那位历史老师：“你花了多少时间来准备这堂课?”历史教师回答：“对这堂课我准备了整个一生的时间，可以说，对每堂课我都用一生的时间来准备。但对这个课题的准备，则花了15分钟。”

用一生的时间来准备每堂课，这种“准备”指的是什么？苏霍姆林斯基指出，这就是阅读，就是与书籍结成终生的友谊。要拥有渊博的学识，要上好每堂课，教师就必须博览群书，补充知识，使思想之泉如潺潺流水，永不枯竭。

而现今的中小学教师在读什么书？根据《中国教育报》对全国不同地区中小学教师的一次抽样调查显示，目前，在教师的阅读书籍中，高居榜首的是教学参考书，其数量远远超过了小说和教育理论类、文史类、时事类、科技类书籍。中小学老师（包括学校的管理者）中，“不读书，读书少”是普遍现象。除了参加教育行政部门规定的岗位培训进修课（其实这样的课程也多半是“走过场，凑满分”），教师很少读理论性书籍，尤其是有关教育理论和现代教育技术方面的书籍。一些教育学者指出，过分依赖教学参考书说明有些教师的素质和能力存在欠缺。然而，老师普遍离不开教参，是不争的事实。

“没有时间”“心态浮躁”“急功近利”“好大喜功”是造成当前一些中小学教师，特别是学校领导“不读书，读书少”的根本原因。不少学校领导根本耐不住寂寞，根本静不下心来看书学习，交际应酬、开各种会议的时间远远多于读书做学问的时间。有些校长轿车来轿车去，东奔西跑，饭局不断，与其说其像校长，不如说其更像“老板”。现代教育需要学校涌现出更多的像陶行知、黄炎培、段力佩那样的专家，学者型的校长。教育领导只能是一个行政管理职位，教育官员绝不等同于教育家。

“读书少，少读书，不读书”，久而久之，必然导致教师成为“教书匠”，其学识魅力自然也就越来越少了。

别一味培养"乖孩子"

《龟兔赛跑》这个故事，用心良苦的家长们向活蹦乱跳的孩子们讲述了一遍又一遍，其中的寓意可谓"人尽皆知"。乌龟的精神也在这个故事里被彻底地"发扬光大"。

但是，总会有好奇的孩子问："兔子怎么会输呢？就是输了，就没有第二次比赛了吗？"满脸的疑惑。

深刻分析起来，"龟兔赛跑"不正折射出传统教育文化的思维方式吗？人们对龟兔截然不同的态度，显然是受中庸思想的影响。循规蹈矩、亦步亦趋被推崇为美德。你看，乌龟自始至终乖巧听话、目不斜视地爬呀爬——多符合师长们心目中好学生的标准啊！特别是这种勤奋刻苦、一丝不苟的精神实在是难能可贵，千金难买！哪像小兔子，自作聪明，自以为是，东张西望，不老老实实，考试时居然还敢打瞌睡，是可忍，孰不可忍啊！

所以呢，即使你才华出众，可你调皮捣蛋，便只好挨批受辱了。谁让你不遵循规矩呢？就算你有再大的本事，就冲这一条，对不起，也得把你打入"差生"的行列。现代教育研究表明，天才的显著特征之一就是调皮好动，我行我素，经常有出乎常规的言行。冰心老人指出，女孩子好动是灵巧，男孩子好动是聪明。可我们的教育却常常无法容忍学生的好动与偶尔的"出格"，完全拘泥于划定的"圈子"内的学生才是真正的"好"学生，擅越"雷池"者必遭"口诛笔伐"，看看，乌龟名震天下而兔子则臭名远扬，就是再自然不过的结果了。

由此展开来思考现在的教育，不由得发现了一个令人吃惊的问题：如今的教育，不正是这样一种"顺民教育"吗？学生中规中矩，唯唯诺诺，不敢越雷池半步，倘若稍有"出格"，便会遭遇教师的厉声斥责，甚或"迎头一棒"。

在这种教育的影响下，学生没有了灵性，没有了创造力，在课堂上，只唯师，只唯书，不敢有独立的见解，不敢有针锋相对的辩驳。“所有的脑袋长在教师一个脖子上”，学生只会安逸地承接着教师的“阳光雨露”。

在这种教育的影响下，学生被培养成“乖乖宝”，只会顺从、服从，甚至盲从，不能独立，毫无主见。这种教育的结果只能培养出两种人：一种是奴才，就是对的话也听，不对的话也听，好的话也听，坏的话也听，人云亦云，没有独立人格；一种是两面派，有人在时听话，没人在时就不听话，说的是一套，想的是另一套，两面三刀，阳奉阴违，成为“双面人”。

在这种教育的影响下，学生毫无个性所言，“一刀切”“一锅煮”培养出来的都是整齐划一、石雕泥塑的“人才”，仿佛流水线上出来的产品，规格、性能毫无两样。“因材施教”就完全成为一句空话。

在这种教育的影响下，师生关系无法实现“平等、和谐”，教师永远高高在上，可以随便不把学生当人看，无视学生的主体地位，更无视学生的尊严、思想、情感，而把学生当作没有生命的“物”。李镇西先生曾这样论述：“学生是机器——装道德的机器，装知识的机器。这种教育下培养的学生，多是温良恭俭让的‘谦谦君子’，而少有善于独立思考勇于创新的开拓者。在这样的教育背景下，教师眼中的学生是学习机器，是考试机器，是成绩分数单，是录取通知书——唯独不是‘人’!”

《龟兔赛跑》的故事终于从语文教科书中淡出了。但愿教师也能明白，教育绝对不能一味地只培养听话的“乖孩子”，否则，那就不只是教育的悲哀，也是我们整个民族的悲哀!

变“管”为“导”

2009年2月19日的《重庆时报》曾经刊载了一条新闻，具体内容如下：

“不交作业一次，罚1元；说脏话一次，罚1元，30元包月……”新学期刚开始，网上出现一份“最牛班规”。记者调查发现，该班规出自重庆秀山一所学校。

很快，“最牛班规”成为热门话题，赞成者和反对者各执一词，争论不休。

其实，在实际的教育工作中，类似的现象并不少见。教育的重要功能在于教化，而惩罚只能作为一种辅助手段。这一份“最牛班规”，无异于撩起了教育的神秘面纱，露出的是其苍白而乏力的模样，让人们看到了教育赖以生存的教育、说服、疏导等功能正在被弱化或丧失，取而代之的是简单的管理手段和惰性思维。

很多老师总是利用晨会、班会、升旗仪式甚至是表彰大会等场合与途径，这样对学生进行德育——“不许”“不准”“不能”“禁止”“如果违反了……，就要受到……的惩罚”“我们大部分同学都能……，但仍有不少同学……”(同学们认为，即使老师列出再多的优点，如果这样“但”一下，接下来提及的不足与缺点才是讲话的重中之重)。大部分学校的违纪处理(处分)规定总是多于奖励办法……

很多班主任在平时的工作中似乎总在扮演“公安巡逻”的角色，有事没事总要不停地在班里或教室外“转悠”“巡逻”，甚至偷偷藏在门后，透过玻璃窗子向里“窥视”，看有没有学生犯错，以便及时制止、纠正和惩罚；学校的德育部门更似乎在扮演着“消防大队”的角色——哪里起火就冲到哪里，经常陷入被动的境地，疲于应付。

德育工作者采取的在不经意间“提醒缺点”“事后处理”的德育方式方

法，致使学生只追求不犯错，而在如何使自己发展得更全面、更出色、更优秀这一问题上，却极少去主动地思考和实践。于是，学生说起各自的缺点时是如数家珍、头头是道，而说起自己的优点则屈指可数，甚至是专家所说的“零优点”。可以想象，长此以往，学生的自信心从何而来？他们如何以欣赏的眼光对待他人？甚至，在不断地被“提醒”后，那些缺点及不足在某种程度上在学生的心里得到了强化，从潜意识中就时不时地“冒”了出来。

如何改变这种局面？在跟年轻老师做交流的时候，我提出了一个方法：变“管”为“导”。

仔细观察不难发现，没有几个学生不希望自己是个好孩子、好学生，也没有几个学生愿意主动犯错，他们犯下错误要不是无心，要不就是有更深层的心理原因，比如，很多学生因缺乏父母或老师的关爱，就通过犯错来引起老师、同学的注意等。因此，老师一定要充分信任他们，不仅要告诉他们什么不该做，还要告诉他们为什么不该做，更要引导他们应该做什么，应该怎么做才能做得更好。对那些有心理缺陷的学生，在他们犯错时更应该积极引导，帮助他们寻找有效的发泄途径和方式，帮助他们创建有效的交流沟通模式。当然，这需要教师的耐心、恒心及爱心和一定的教育技巧。同时，为学生树立正面的榜样是不可或缺的好方法。在不断提倡尊重学生、赏识学生的时代，不少学校和老师在对学生群体和个体的赏识上异常“吝啬”。树立榜样，尤其是树学生身边的同龄人为正面榜样，正面影响力不可低估。

想要田野不长杂草，就请种满庄稼；想要灵魂不受干扰，请用美德占据它。此处之“美德”，我们可以赋予其丰富的内涵，除了平常所说的美德内容之外，还可以是丰富的文体活动、名人传记及优秀文学作品、优美的音乐、美术作品赏析、社会实践活动、高品位的报告，等等，这些都要求教师要从简单地抓“分数”中抬起头来，给予学生更多“文化”的东西。

“不是锤的敲击，而是水的载歌载舞，使鹅卵石日臻完美。”这句话启示我们，要认识到教育是一个复杂而系统的工程，对有缺点和问题的学生，不能奢望倚仗简单粗暴的“管”来达到一劳永逸的目的，而要以“导”为主，遵循教育原理，投入足够的时间、精力和耐心，对症下药，因材施教，使德育要求内化为学生的思想水准。

帮学生留下成长的记录

本报（《潍坊日报》）讯　近日，潍坊一中高一教学部为2071名学生每人建起了一个“成长足迹”记录袋。学生“成长足迹”记录袋里主要收集传统评价中不予考虑的材料，如典型作业、考试备忘录、课外活动图片及录音资料、研究性学习材料、个人计划总结、获奖证书、教师评语等，内容丰富多彩，尽量多角度地、客观地描述学生成长的过程和各自特点。

（记者马莎莎　通讯员王青云）在衢州市柯城区巨化中学的每个教室里，都会摆放一本沉甸甸的记录本——《班级日记》。在《班级日记》里，同学们认真地记下班里每一天发生的所见所闻。学校把管理活动分配给班级每一位学生，从上学期开始，各班都开辟了“班级日记”专栏，日记内容由每天的值日生详细填写，学生都互动起来相互监督管理，班主任正确引导，发现、解决问题，提高班级管理水准。现在，写《班级日记》已成为巨化中学良好风气的形成场，成为师生沟通和交流的平台。

从这两则报道可以看出，两个学校的做法虽不同却有异曲同工之妙：在教育过程中，想方设法为学生留下成长的痕迹，而这些关于成长的记录，将成为他们一生不可复制的重要财富。

回想自己的成长历程，突然发现曾经拥有过的一切都成了宝贵的财富，特别是那些通过文字保存下来的东西就更为珍贵。它们时刻提示着我曾经拥有和失去的一切，它们让我的生命和人生变得丰富起来。记得我曾经跟母亲生过一次气，回想起来，这好像是我40多年来唯一一次跟她发脾气：我把自己上小学五年的试卷、笔记、练习、课外书，以及自己在田字格上写下的一首首“顺口溜”，装在一个大纸箱里，可因漏雨整个箱子被浇湿了，结果被不知情的母亲卖了。这让我心疼了很长时间，就仿佛自己曾经拥有的一段美好回忆被时光遗弃了。

让学生把成长过程中的痕迹留下来的方法有很多，其中建立成长档案袋可能是新课程改革以来推行的最重要的方法。但是，建立成长档案袋恐怕不是某一个老师能做到的，它需要动用学校和所有教师的力量才能完成，相对来说难度较大。其实，作为一个普通教师，要有时刻为学生留下成长记录的意识，未必非要追求某种形式。最好的一篇作文，最美的一本摘记，写上感受的一本名著，给自己带来深刻影响的一篇散文，甚至潦草而丰富的笔记，与朋友的倾心笔谈等都可以收集起来，精心珍藏，以此丰富学生的思想和人生体验。我想，这应该成为教师的重要职责之一！

曾经有一个年轻的数学老师告诉我，他也让学生养成了写日记的习惯。当他把学生的日记本交给我的时候，我看到，虽然学生所写的日记内容并不多，大多是记录自己学习内容及学习中的一些感受，但写得非常工整，每一篇日记都写上日期了，都有老师的批语。他说，一开始学生并不愿写，但他告诉学生，要让他们一辈子都记着这段与学生有关的日子。他要求学生精心保管这个本子，若干年以后，学生们一定会从重温笔记的过程中体会到幸福和快乐！

这是一个多么执着和值得敬重的老师啊！其实，珍惜眼前的一切，本身就是一种生活态度。作业本、试卷、练习册，等等，这些最常见的学生用品，他都要求学生完好无损地保留着。在这样的习惯引导中，学生实际上得到了更多学习以外的东西。

身边的一切都是财富，只有善于发现和收集的人才会更有成就感。给学生留下成长的痕迹是重要的，对老师来说不也是一样的道理吗？教师要时刻搜集自己的成长痕迹，长久坚持，必有收获。譬如，如果教师能坚持把与学生交流的事情记录下来，把身边发生的教育故事记录下来，把时时刻刻可能蹦出的教育灵感记录下来，十年之后，成为教育家也不是太遥远的事情！

不起眼的留心，往往会成就伟大的事业！

谨慎对待学生“逆反”

“问题学生”往往有较强的逆反心理，他们似乎是成心与老师做对，要他往东他偏往西，让他“打狗”他偏“抓鸡”，让他站起来他偏坐着不动，一旦在课堂上和老师顶起来，常让老师感到左右为难。在课堂以外，他们也是绕着老师走，喜欢给老师“出难题”，让老师感到十分头疼，觉得难以对付：又不准体罚，又不准停课，搞不好还要弄出寻死觅活、离家出走之类的事情。这可怎么办？的确，在普及九年制义务教育的过程中，这类“双差生”，已经成为中小学教育的难题，成为许多中小学教师心中“解不开的疙瘩”。

其实，除了“问题学生”会出现逆反以外，相当多的中小学生都会有暂时性的或短周期的逆反表现，都会有针对特定对象或特定环境的逆反。一旦处理不当，就会导致教育失效或师生关系恶化。

学生为什么会逆反？除了少数有某种心理缺陷或受家庭负面影响的问题学生另当别论以外，学生的逆反大多是一种基于自我保护的发泄，是一时的情绪冲动，往往是没有计划、没有准备的，带有极大的偶然性。也就是说，当一位平时表现一般或良好的学生，由于受到了意外的批评，遭到了不公平的、不符合事实（至少是他本人认为不公平，不符合事实）的指责时，他们有时会出自本能地顶撞教师，会突然变得焦躁，变得固执或不听劝阻。这些不过是因为他们心理失衡、恼怒而又不敢或不愿直接针对刺激去发泄，缺乏计划与准备的情绪性反应，所以通常会表现得不理智、不计后果，行为表现夸张，反应过激。部分教师面临突如其来的学生“逆反”，往往由于心理准备不足，处理方案欠妥，使简单的问题复杂化，造成教育的失误。

学生的逆反表现，从表面上看是针对教师个人的，但实际上是针对教师身份的，是对教师职业给其带来的压力或伤害的一种抗拒。对这一点，教师要有清醒的认识。即使学生的表现可能是针对你这个“人”，但教师应该学会把自己与“教师”区别开来，避免教师个人与学生个人的对抗。因为，只有区别个人态度与教师角色行为，引用学校要求或规定作依据、作陪衬，才能分散学生的注意力、转移学生的不满，以弱化学生过激的反应。许多师生之间的冲突，往往是从课堂意外开始的，其中多是由教师不够冷静、不善于分解与转化的而导致的。在突发事件发生的时候，特别是事实尚未弄清之前，教师切记不要冲动，说出不理智的话，诸如“所有人都不许上课”“我再也不教你们了”“不愿意学就滚回家”“愿意去哪个班就去哪个班，反正别在这班里混日子了”，等等。这样的愤怒表现，最终导致的结果往往是教师自己下不来台。试想：不管事情发生的原因是什么，老师能真正做到不再给学生上课，或者停所有学生的课吗？恐怕，这不可行。其实，没有任何一个学生真正愿意与老师“对着干”，之所以出现这种情况，必然是自认为受了“委屈”。教师应该站得更高一些，在了解学生心理的基础上对症下药，切忌“火上浇油”，使学生的逆反升级。

学生的逆反表现大都是非理性行为。解决问题不能只靠说理。只要教师冷静处理，给学生时间，在尽早判断出矛盾冲突的导火索并尽力消解的情况下，大多会由学生自行解决。在冲突过后，许多学生会后悔、懊恼，期望有转化的机会。这时，教师就应该得理饶人，淡然处之，做出宽容大度、毫不在意的表示，尽量消解萌发的矛盾。这样不但不会有损教师的“尊严”，反倒会提升教师在学生心目中的威信。相反，揪住学生的“小辫子”不放，非要在某些问题上较劲，只能使教师的形象受损。

逆反心理是引发或加剧学生学习困难的重要因素。因此，科学认识、巧妙化解学生的逆反心理，是帮助学生克服学习障碍的重要方法。处于青春期的学生正处于心理由不成熟向成熟的过渡期，情绪变幻无常，这都属于正常现象，作为优秀的教师，要深入地了解这一点。

难忘的“耻辱”

他是一个“问题学生”，在本文中就简称他为“鹏”吧！

说他是“问题学生”毫不夸张。他学习成绩差，几乎从来没有从年级倒数第一名的“宝座”上离开过。他读书吊儿郎当，作业向来没有完成过。他已经被任课老师和班主任放弃，成了无人能管、无人愿管的学生。他长得高高大大，在班里总是横着膀子，欺负同学、骂街打架成了家常便饭。

但我不愿意放弃教育他。

虽然我不是他的班主任，但我总觉得自己有义务教好他。别人不管他的作业，那我来管。尽管他每次总是想方设法地糊弄我，但总算给我个面子，总能交上来一些稀奇古怪的、像是“甲骨文”一样的文字。上课时，他的动作很多，不是常说的“小动作”，而是“大动作”，把课堂直接搅乱，让老师的课无法继续下去。还好，在我的课上，他还没有太过分的行为。

但我仍然不满意，因为我不相信这个世界上会有没有廉耻、没有上进心的人。我总觉得，“鹏”也一样。一把钥匙开一把锁，只是，我还没有找到打开他的心锁的那把钥匙。

哀其不幸，怒其不争。可以用鲁迅先生的这一句话来形容我对待他的态度。对他的教育久未见效，我的耐心便丧失殆尽了。于是，一场冲突突如其来。

冲突发生在一节语文课上，说实话，我现在已经忘记了冲突发生的具体原因，大概是因为他上课的时候趴在桌子上不听讲，总之是很小的一个起因。我批评了他，但他态度恶劣，且不接受我的批评。你一言我一句，矛盾很快升级。当他叫嚣着“谁也别管我，想管我，没门儿”的时候，我作为老师的自尊心在全体学生面前受到了沉重的打击，先前的耐心与忍让一扫而光，我冲到他面前，扬起了手……

在我从教的二十余年中，我从未跟学生动过手。因为那种靠武力征服学生的行为为我所不齿。但那天，我实在压制不住怒火，所以才抬起了手，我恨不能狠狠地教训这个狂妄无知的小子。在我的手还没有落下的时候，更出人意料的事情发生了。"鹏"率先出手，一拳打在了我的脸上……

后来发生的一切令我不堪回首，因为那是我有生以来最为耻辱的一段时间。我躺在宿舍里，三天没有上课。折磨我的并非肉体上的伤痛，而是心灵上的煎熬。学生们成群结队地来看我，更让我感到压力和难堪，我觉得无颜面对他们。为什么？我不停地问自己。我这么要求"鹏"难道错了吗？他凭什么这么对我？那种矛盾和痛楚旁人难以感受。

他的父母来看我了，代表孩子向我表示歉意。我本无意再跟"鹏"不依不饶，但"鹏"还是辍学了。当我回到教室重新上课的时候，那个座位已经是空荡荡的了。老师和同学们都兴高采烈的，仿佛去了一大"心病"，但我的感受却复杂了许多。

自那以后，我再没有了"鹏"的消息。我也很快调离了那所学校。但这件事却一直像一块沉重的石头一样压在我的心头，让我久久不能释怀。2009年5月，几个学生约我吃饭。席间，一个同学问我："您听说了吗？那个'鹏'，关进去了。"大家纷纷附和："是啊，当年看他就不是个好东西，早晚得有这个结果。"

不知道为什么，我心里的沉重不仅没有消除，反而更深了一层。之后的几天里，我的心一直在纠结，如果那节课上我能更理智一些，也许就不会发生那场事故，如果没有当年的那个事故，他也许就不会离开学校，不会过早地进入社会，也许就不会有这样一个大家都不愿意看到的结局……可惜，这个世界上永远没有"也许"啊！

肩负教育职责的老师啊，对学生更宽容一点吧！对那些"问题学生"，多一点耐心，多一点鼓励，多一点期盼，不要轻易地就把他们赶出校门。影响了教学成绩不是最重要的，添麻烦、添累赘不是最重要的，学生的一生才是最重要的！或许我们不能改变一些东西，但至少应该努力过！这，是教师应该具有的良心啊！

第三篇 3 日出江花红胜火，春来江水绿如蓝

——让课堂舞动生命的色彩

作为教师，执着于课堂改革，其实就是在学生最需要帮助的时候，送去一缕春风，唤醒学生沉睡的心灵；送去一枚炭火，点燃学生泯灭的激情。而这，对那些从未享受到学习乐趣的学生而言，不是更需要的吗？可见，课堂改革绝不是“锦上添花”，而是“雪中送炭”。如果教师以无价值为理由拒绝课堂改革，也许就是为了掩饰自身懒惰、平庸、无上进心吧！

课堂改革是“锦上添花”吗

在参加近期教研活动的过程中，偶然间听到了一个论调：课堂改革只能针对那些能力相对较强、水平相对较高的学生群体进行，如果学生层次太低、基础太差，什么都学不会，甚至连老师的话都听不懂，还谈什么课堂改革啊？简直就是白耽误工夫！

我想，持此论调的人的脑袋里必然有这样一个根深蒂固的观点：课堂改革并不能让课堂改头换面、脱胎换骨，相反，那只是一场“秀”，最多是“高岗填土”“锦上添花”。

呜呼！沿此逻辑往下推理，必然可以得出如下结论：学生水平真高的，无改之必要；学生水平真差的，无改之可能。课堂改革，无非是“鸡肋”也！

诚然，时下的确有些所谓的课改经验是精心“炮制”出来的，一系列堂而皇之的“包装”，空有华丽的外表，却无实质的内涵。尽管可以在台面上表演得轰轰烈烈，但在所谓的“某某经验”“某某模式”背后，仍是传统的、以牺牲学生身心健康为代价的“死灌硬输”，来换取高分、高升学率。但如果简单地因为这些“鱼目混珠”的现象而对课堂改革的必要性全盘质疑，就免不了犯下“以偏概全”“一叶障目，不见泰山”的错误。

教师首先要认真审视一下学生的“差”。学生知识功底差，或能力水平差，绝不是天生就如此的，这种差恰恰源于他所经历的课堂的不足，是课堂从内容到传达内容的方式出了问题，因为没有打通学生的接收通道，是教师的“教”与学生的“学”出现了问题，久而久之，学生就逐步地被推进了“差”的深渊。如果以学生差为理由拒绝课堂改革，必然会让这些学生长久地在“谷底”待下去，甚至永远没有露出头来的那一天。因此，课堂改革从某种意义上讲，就是要想方设法把在学生脚下的那个巨大的深坑填平，甚至填出一个“高岗”来，让学生能够见到阳光，能够呼吸到新鲜的空气，从而能够在学习中“活着”。

课堂改革说起来是一个很大的话题，其实可以简单地将其概括为把课堂上的时间、空间、机会还给学生，让课堂成为学生学习成长的摇篮，成为学生追逐梦想的场所，让学生感受到学习的乐趣，领悟知识的充实，享受成长的幸福。这就是课堂改革最基本的方向，也是课堂改革的关键。

而这些，与学生的能力强弱并没有直接关联。研究学生，找到他们的知识起点和能力起点，挖掘潜藏于他们内心深处的渴求上进的冲动，将压在他们心口的石头搬开。在教师的引导下，在属于学生自己的时间里，在充分的机会中，在自由的空间下，学生遨游于知识的海洋。那将会是什么样的情景？试想，这样的环境中，将会编织出多少梦，将会成就多少梦？

作为教师，执着于课改，其实就是在学生最需要的时候，送去一缕春风，唤醒学生沉睡的心灵；送去一枚炭火，点燃学生泯灭的激情。而这，对那些从未享受到学习乐趣的所谓的学生而言，不是更需要吗？

可见，课堂改革绝不是“锦上添花”，而是“雪中送炭”。如果一名教师以无价值为理由拒绝课堂改革，也许就是为了掩饰自身懒惰、平庸、无上进心吧！

用心经营课堂是幸福之事

一位教师在自己的博客中写道：

与别的行业不同，教师面对的不是机器、公文，而是有血有肉、姿态各异的人。很多老师常常会有这样的经历，觉得自己备课已经备得很细致、很到位了，但上课仍然会出现许多意想不到的情况，正所谓“学生是不按套路出牌的”，老师怎么办？是按部就班，强行将学生纳入既定的轨道，还是随机应变，及时解决实际问题？答案应该很明确，肯定是后者，因为学生是学习的主体，他们求知的积极性应该得到保护，而老师就是帮他们解疑答惑的。老师应该尊重，也必须尊重学生在求知过程中的思考和质疑，即使学生提出的某些问题在很多人眼里是简单的，老师也应该耐心听完了再作解答。这看起来真有点勉为其难，但这正是一个老师展示自己的人格魅力之所在的时候。试想一下，如果老师能用广博的知识让学生折服，用宽容的胸怀接纳他们，用平等的态度善待他们，那么课堂无疑就会成为师生共享的舞台。

就像这位教师所写的一样，如果课堂成为师生共享的舞台，对教师而言，无疑是幸福的。

一个人，只要有机会登上三尺讲台，或多或少地都会认为课堂是“自己的”。的确如此，在课堂上，没有人比教师更有影响力。教师把握着课堂的发展方向，他可以让所有的学生在课堂上做什么，也可以不让他们做什么，因为他有足够的权利去领导和管理课堂，也完全有能力通过惩罚某位学生，从而警告其他学生不可妄为；也可以通过表扬某位学生，使其充分享受到荣耀，从而激起他的信心……在课堂上教师确实拥有足够的影响力。

但是，也正是因为教师的这种“绝对权威”，这种在课堂上的“说一不二”，往往使很多教师自我意识膨胀，忽视了对课堂本质东西的探讨，而满足于一厢情愿的课堂建设。虽说课堂是教师“自己的”，但这并不等于课堂是教师的“私人领地”，并不等于教师可以不分青红皂白地主宰课堂的一切。毕竟，课堂是教育的场所，在这里，教育行为发生作用和产生效果。而课堂的主体除了教师外，还有学生——他们才是教育的对象，也是教师服务的主体。

在课堂上，教师时刻不要忘记，教育只是一种帮助、一种服务、一种引领。实际上，一名优秀教师时时都能做到“心中有学生”。在课堂上，假如老师在乎学生的反应，那么他就会想办法调整或改善今后的教学；假如老师在乎学生的收获，那他就会思考很多问题，寻找更多可行的解决办法；假如老师在乎自己的体验，那他就会想办法把身心融入学生当中，享受这个过程；假如老师把学生的进步和自己的利益、进步捆绑到一起，那他就会更加用心思考，上好每一节课，关爱每位学生的进步。

因此，对于课堂，教师都应该有一种责任感，有责任去经营好它、建设好它。教师只有把精力都投入整个课堂，变通方法，产生效益，这样才能算得上是“用心在工作”“用心在经营课堂”，才能从课堂中寻找到职业的幸福感。

课堂是师生的幸福之源

作为教师，其生命的大部分时间都是在课堂上度过的。如果课堂教学让师生厌倦不堪、痛苦不堪，教师如何能在课堂上找到自己的价值和幸福？

可惜的是，在现实生活中，偏偏有相当一部分课堂走入了这样的“死胡同”。

为什么会这样？首先，如果教师没有意识到课堂教学本身具有的丰富多彩、鲜活生动、富有强大生命力的特性，而只是把学习局限在传统的课本、课堂之中，照本宣科，教师是“传声筒”，学生是“接收器”，这样的课堂必定是单调、僵化、没有生命力的。师生就会如同困在笼子中的小鸟一般，无法尽情享受生活、享受学习、享受幸福生命的成长，课堂就会成为滋生痛苦、烦闷和枯燥的场所。

这就需要教师将课堂教学视为一个生命，唯有如此，课堂教学才不会单纯为“传授知识”而存在，其教学目标、教学策略、管理方法，才会被教师重新理解，课堂才会成为师生激发生命活力的幸福之源。

教师的痛苦往往还来自于对课堂教学功能的异化：课堂教学似乎只追求一个僵死的分数，如果学生分数不高，那么他的学习就是失败的。果真如此吗？很显然，这是传统的精英教育思维束缚了教育者的思想。

老师必须遵循学生的成长规律，若是小草就让它装饰大地，若是参天大树就让它长成栋梁之才。在这个前提下，再去研究如何指导学生，使学生逐步认识到“一切事物的真正价值在于获得它时所付出的辛苦劳动”，从而刻苦勤奋学习，在困难，甚至是挫折的磨砺下去实现自己的人生价值。

归根结底，课堂幸福之源的关键在于师生关系的调整。教师不应是专制型或权威型教师，而应成为伙伴型教师。要明确学生是学习的主人，而教师的职责就是帮助学生学习。教与学的关系应该是平等、和风细雨式的，而不应该是君临天下式的。教师要富有童心，要想学生之所想，急学生之所急，乐学生之所乐，忧学生之所忧，知道学生知识的生长点，知道学生会朝什么方向发展。在课堂上，一切顺乎自然，老师顺势而教，学生顺心而学，师生都全身心地沉浸在教与学的快乐之中。

有人曾对课堂如此描述：

当学生毫无头绪时，我能否给他们以启迪？

当学生没有信心时，我能否唤起他们的信心？

我能否从学生的眼中读出愿望？

我能否使学生觉得我的精神、脉搏与他们一起欢跳？

我能否使学生的争论擦出思想的火花？

我能否使学生在课堂上学习合作，感受和谐的欢快、发现的欣喜？

我能否让学生在课堂上“豁然开朗”“茅塞顿开”或者“悠然神会”？

我能否让学生在课堂上“怦然心动”“浮想联翩”或者“百感交集”？

我能否帮助学生达到内心澄明、视野敞亮？……

如此的课堂教学，映射出生命的意义，体现着人文的色彩，师生还愁从中得不到幸福吗？

给学生“有温度”的知识

很多教师在课堂上教授学生知识时目的是过于简单的——就是来换取高分的。所以，为了最直接、最有效地达到这个目的，教师要做的就是把那些罗列在课本上的知识点条分缕析，然后搬给学生，让学生或死记硬背，或机械训练，以能够娴熟地应对考卷上那些五花八门的题目为止。在这个过程中，原本鲜活的知识变得枯燥、苍白、乏味，学生的兴趣也往往消失殆尽。

一个高水平的教师，要学会给学生“有温度”的知识。何谓“有温度”的知识？简单地说，就是这些知识是温暖的、温润的、有滋有味儿的、趣味盎然的，让学习者在学习、接纳知识的过程中能够消弭抵触情绪，而乐于接受、乐于探索。

如何让知识变得“有温度”？

首先，知识是否有温度取决于教师对学科知识的态度。知识本身是中性的，但作为传输知识的教师，则必须传达出对所教授知识的鲜明态度，无论是痴迷、热爱，还是厌烦、反感，都应该伴随着教师的教学过程传递给学生，这种传递本身就让知识带上了相应的感情色彩，有了温度，进而影响到学生与学科的关系。试想，一个干巴巴地朗读《周总理，你在哪里》的语文教师，如何能够将文本自身的魅力与情感播洒在学生的心中？即使学生通过练习的方式，将诗歌的主题、感情色彩、写作特色掌握得滚瓜烂熟，在考试中能考取高分，但对学生“这个人”的发展而言，又有何实际意义？一个优秀的教师要由衷地喜欢自己所教的学科，要在这片领域中享受探索的乐趣，以实际行动让自己课堂上的知识颜色明朗起来，形态柔软起来，深入学生的内心。

其次，知识是否有温度取决于知识与生活的关联度。知识与现实生活完全脱节，是当下课堂教学中常见的弊病之一。为什么我们培养出来的学生在知识的记忆、计算的能力等方面排在世界前列，但想象能力、创造能力却大大不足？其中一个很重要的原因就在于，知识教学脱离了生活情境，被干巴巴地抽取出来。仅就知识本身而言，学生看似掌握得很好，可一旦还原到生活的复杂情境中去利用这些知识时，他们就会变得手足无措。也许完成试卷上的电学试题学生得心应手，但让他们在家中安装一只灯泡，他们就很可能无从下手。强调情境教学，其实质就是强调教师要想方设法地把教材上那些孤零零的、抽象的知识与学生实际生活建立种种关系，从错综复杂的生活层面来理解知识的内涵、来体会知识的意义，这样，知识教学才不会与生活硬生生地割裂开来。人们常说要“学以致用”，学完的知识如果被束之高阁，在实际生活中没有任何用途，学生是断难喜欢的。譬如，为什么很多学生不喜欢学习英语？道理很简单，学生除了在课堂上会用到一点点英语进行交流之外，一下课，学到的英语知识就变得毫无意义，因为没有这样的语言环境供学生使用。因此，一个英语教师要思考的就是如何将这些英语交际的内容延伸到课外。假定教师有意识地开设英语角，举办英语沙龙、英语晚会等活动，假定教师与某些外籍机构建立适当联系，让学生与外国孩子有适当的书信交流等，那么学生们就会觉得，学习英语还真是有用啊。这时候的知识就是有温度的，学生学起来自然有了内在的动力和热情。

最后，知识是否有温度还取决于教师对学生学习内容的选择。多元智能理论说明，人的确存在着智力上的先天差异。每个孩子都是独一无二的，也都具有在某些领域中成才的潜质。没有人是全能的，但也没有人是“全无能”的。这就让教师面临一个两难的选择：是引导孩子发展“所长”还是修补“所短”？在现实教学中，要求学生各科都达到优秀的做法显然是在“补短”，这导致的后果往往就是学生虽然对某个知识毫无兴趣却还要硬着头皮去学，最终产生反感甚至抵触情绪。就一个人的发展而言，显然发挥特长更有利于成才。因此，在教学过程中，应该在学生达到“合格”的基础上，让他们尽力发挥长处，在某个擅长的点上寻求突破。不要硬逼着那些可能成为作家的孩子去死啃数学，也不要强迫一个在数学逻辑能力超常，极有可能成为科学家、会计师、统计学家、工程师的学生去学弹钢琴，学唱歌。如果教师的“给”和学生的“需要”能和谐统一了，人的和谐发展就很容易实现，这时候，教师手中的知识就变得温润可爱，而非面目可憎了。

改变教师，才能改变课堂

教师在课堂上占主导地位，就说明了他肩负着掌控课堂运行轨迹的责任。因此，可以毫不夸张地说，高效课堂的实现，百分之百仰仗教师。

在传统教育形式下，教师被定位于“传道、授业、解惑”。而在高效课堂要求下，教师的职能要发生巨大的变化。首先，教师要明确高效课堂要达到的目标就是使教与学的方式彻底地扭转：由先前的教师传授到今天的学生“习得”；由先前的教师讲课到今天的学生探讨；由先前的教师是课堂的主宰者到教师是课堂的参与者；由师生关系的不平等到知识面前师生平等，教师要尊重学生的思考，尊重学生的一己之见。

理论也好，知识也罢，都要在不断学习的过程中与时俱进。教师不仅需要自己所授的知识有广度与深度，更需要有新度；不仅需要教师知识的衔接性，还需要教师知识和学生的共鸣性。叶圣陶先生说过：“教是为了不教。”在教育新形势下，教师要去丰富这句话的内涵，教是怎样的教，如何才能做到不教而会，怎样才能通过学生自主学习达到教师少教或是不教的目的，同时，也要认识到今天的学生身上发生的巨大变化，要知晓自己的学生是怎样的，时代、家庭、风气等让学生发生了令教师始料不及的变化。若教师不了解这些变化，高效课堂是很难实现的。要重新对课堂上教师和学生的关系进行定位，师道尊严是必要的，但尊严的维护不仅仅是因为教师这一个身份，更要借助在新式课堂中与学生共同思考的乐趣，能让学生在思索中获得启迪，体会到进步。既要言传身教，更要循循善诱；既要点拨指导，更要接纳学生的思维认识；既要讲，更要让学生自己去学。所有这些，都需要教师有极大的勇气，克服自身的惰性，能够在新的教育形式下，重新找到自己的位置。这是一名教师突破原有课堂教学局限，找到新思路、新方向的关键。

作为教师，不能做“井底之蛙”，要去挖掘新的教育教学方法并努力实践之。虽是“新瓶”但里面装的是旧内容不行，虽有新目标但若采用旧方法也不行。教师要转变传统的教学模式，用新的方法、新的课堂形式来完成高效课堂的改革目标，而这应该是在今后课堂教学实践中要切实去总结的地方。要研究高效课堂的课堂结构就要从其结构形式进行变革，否则学生乐学、会学的目标不能实现。要把课堂的时间交给学生，还时间于学习者而不是指导者。对广为流传的“洋思模式”“杜郎口模式”等，要在学习的基础上，有选择地借鉴，借以调整自己的教学，从各种模式中看到一片更为广阔的天空，而不是拘泥于自己的小圈子，自以为是，自得其乐。

若教师不变，高效课堂将永远是“白日梦”。高效课堂虽然与传统教学模式有一致的地方，但它的具体要求已经远远突破了传统教学，作为教学主导者的教师必须首先改变自己，才能真正实现高效课堂教学的目标。

高效课堂必须突出“心中有生”

课堂是什么？有句话说得好：“课堂是学生表现的地方，不是老师表演的地方。”如果教师把课堂作为自己表演的舞台，那就大错特错了。一节课设计得再好，教师讲得再精彩，如果学生不能真正参与其中、享受其过程，那这样的课堂就不能说是有效、高效的课堂。如果教师能够带领学生探索知识的世界，学生们还乐此不疲，这才叫“真功夫”。所以，上好一节课，绝不是备课的再现，而是将传授知识和培育鲜活的生命密切结合起来，使师生生命活力得到有效发挥。教师要做到这一点，就必须一切“以人为本”，时刻做到“心中有生”。

备课过程要“心中有生”。在传统教学活动中，教师往往把备课狭义地理解为写教案，即备课就是为课堂设置预案、设定程序，甚至简化为“教材”或“教参”的“搬家”，这与新课程所提倡的“自主、合作、探究”的学习方式是相冲突的。因而，教师在备课中，所设置的教学环节和教学问题要充分考虑学生的年龄、心理、基础等因素，多从学生的角度考虑问题。要提前预想到在不同教学环节中，不同类型的学生会有什么样的反应，应该如何应对，甚至包括提问哪些学生，由哪些学生进行板演。这样的备课才有实际意义。

教学过程要“心中有生”。一是要不为教而教，不“走教案”，不“照本宣科”，避免“只见书不见人”的现象发生，充分调动起学生的主动性和积极性，引导学生主动学习，有效互动，产生实效。二是要关注全体，不搞精英教育，要充分尊重每一个学生，兼顾不同层次的学生，对学生一视同仁，尽可能让每一位学生都有发言的机会，都有参与活动的机会。杜绝“一刀切”“一锅煮”。三是要有一双敏锐的眼睛，善于捕捉学生学习中的闪光点，适时给予恰如其分的评价，给学生信心和动力。若遇到学生不遵守课堂常规的情况，尽量在不影响正常教学秩序的前提下，及时以适当的方法提醒、引导，决不能听之任之、视而不见，不让一个学生掉队。只有这样的教学才算得上是真正意义上的“教学”，而不是机械地“兑现”教案的过程。

课上辅导要“心中有生”。教师要了解学生在想什么，在做什么，还有什么需要。绝不允许整堂课教师不离三尺讲台的情况发生。教师要从高高的讲台上走下来，走到学生中间去，多一点和学生的“零距离”接触。要把辅导贯穿于课堂教学的始终，要始终做到目不离人，观察学生讨论、提问、板演、练习时的手势和表情等，适时对学生进行点拨。要善于观察学生，从学生的眼神、表情、动作等细微之处，弄清他们的心理，从而及时调整教学方法，并对个别学生进行相应的指导。

课堂练习要“心中有生”。课堂练习是课堂的重要组成部分，是检验教有所得和学有所成的标志，是教师调整教学思路和方法的最重要的依据。课堂练习是否精选、精练，是当前打造高效课堂的关键之一，也是体现“以生为本”的关键环节之一。因此，教师应该精讲，给学生留下充裕的时间消化和巩固所学知识。很多教师不给学生布置课堂练习，总是拿时间不够当借口，也有部分教师虽布置了课堂练习，但是，随意性太大，没有经过精心筛选，学生看似练得很多，虽然很多试题从表面上看各不相同，实质上却是对某个训练点的机械重复，自然收效甚微。作为教师，要努力克服这种不足。布置课堂练习要面向大众、暗中分层、凝聚重点，同时，对学生的课堂练习，教师应尽可能做到面批面改，从而达到扶正纠偏、交流促进、整体提高的目的。

高效课堂要追求“和而不同”

某老师上公开课，结果很不理想。一整节课，全班的学生几乎都低垂着头，一言不发。任凭老师磨破了嘴皮子，极尽启发、诱导之功，可惜，学生还是“启而不发”。偶尔有一两个学生被点名发言，也是唯唯诺诺，口齿不清，生怕答错了……

课后，该老师非常郁闷，跟我抱怨：“学生没见过世面，所以太紧张了，真给我丢脸。”等她冷静下来，我帮助她分析学生不说话的原因。我告诉她：“从我的观察看，你的学生之所以不敢说话，并非是‘紧张’这么简单。你仔细想想，在平时的课堂上，你的学生达到畅所欲言的地步了吗？是不是学生在回答问题之前都有所顾虑，生怕答错了、答不好会让你反感？是不是因为平时在你的课堂上没有形成一个宽松的环境，所以，学生才不敢表达自己的观点？”

我之所以这样判断，也是出于一种经验。课堂改革改来改去，课堂教学仍然没有改变以知识的积累和教师的讲解为主的状况。“一言堂”“满堂灌”、用标准答案束缚学生思维的现象比比皆是。偶尔也会有“大胆”的学生发表一点富有个性的、另类的看法，可立刻就会遭到“铁面无私”的教师迎头痛击。2010年4月23日，华中师范大学第一附属中学举行语文期中考试，高三（27）班的李红豪同学以《草菅人命》为题作文，措辞激烈地抨击了现行教育的弊端。其观点尖锐、前卫、另类，个别段落甚至颇为偏执，与主流思想背道而驰。阅卷老师给出的作文评分为25分（总分为60分），并在很多地方用红笔打了波浪线，批了4个大字：“自毁前程”。随后，他遭到了班主任停课、写检查等一系列处理。

类似的例子不胜枚举。“学生一思考，学校受不了；学生个性强，老师就慌张”，恐怕就是当前教育的一大怪状。所谓“自毁前程”，无非是认为该生的作文在揭学校之“短”时的独立思考触犯了师道尊严，让老师和学校大失颜面。而在课堂上，这样的例子也不鲜见，教师提前准备好的标准答案是不容置疑的，当学生对某些观点有了疑问的时候，教师往往不是保护这种创新精神，而是劈头盖脸，“一棒子打死”。

显然，这样的做法极大地束缚了学生的主动性、积极性、创新性的发挥，在一定程度上扼杀了人的个性，限制了学生的想象力和创造力。长此以往，还要求学生来跟教师“一唱一和”，岂不是奢谈？

孔子言：“君子和而不同。”意思是要承认“不同”，在“不同”的基础上形成“和”，即和谐、融合，才能使事物更好地发展。这个世界本来就是一个和而不同的世界，和而不同既是自然规律，也是处世哲学，当它进入课堂，就成为一种宝贵的教学智慧。

简单概括，“和而不同”的课堂，就是指师生能够相互启发，自由言说，每个人都能够自由地表达思想，创新思维得以锻炼，精神境界得以升华。教师不是扼杀学生“奇思怪想”的刽子手，而是精心培育、细心呵护学生“创新火花”的保护神。

教师的职责在于“传道、授业、解惑”，向学生传授知识的过程也是一个思想交流和观念碰撞的过程。这就要求教师在教学中不能搞统一标准，不能用统一模式，不能只有一个声音，更不能像标准件生产车间那样，丝毫不差地制造同一产品。要鼓励学生展开思想的翅膀，翱翔在思维的空间，尽情地萌发奇思怪想，不断地迸发灵感的火花，进而提高学习的质量。

当然，一说起这些，很多老师必然是满腹苦水，必然把矛头指向应试教育。的确，似乎真正剥夺学生生活乐趣的罪魁祸首，就是愈演愈烈的应试教育。学生背负的这压力那苦恼，都能从应试教育中找到源头。学生们拼命紧盯着高分，家长、学校片面追求升学率、录取率，老师自然要“重教书、轻育人”。加上考试命题过分强调标准答案，哪个教师敢于标新立异，置“标准答案”于不顾？于是乎，“标准答案”堂而皇之地搬上了大屏幕，抄到了笔记本上，学生死记硬背，将其灌进了大脑里。以此，只为换取一个高分而已。至于与此无关的言论或思路，对不起，一概否定之。以此为背景，全班“四五十颗脑袋长在教师一个脖子上”也就不足为奇了！

这样的“借口”看似多么不容置疑！就像有的老师感叹的一样：“天不

变，道何以变啊?”

果真如此吗？其实，“我的课堂我做主”。如果说要求一个普通的教师去改变教育现状太过理想的话，那他完全可以不去随波逐流，完全能够凭借自己的努力，营造一个宽松、宽容的课堂氛围。这个课堂上允许不同声音的存在，允许为真理而发生的冲突的存在，在积极的冲突中，寻求着更高层次的和谐，这种和谐就成为一种力量，打破“一言堂”，所有的智慧之火都被点燃，释放出无穷的能量，课堂教学自然也就走上了高效之路。

如果一味满足于在“一潭死水”中“孤军奋战”，“万马齐喑”唱“独角戏”的场面早晚会让课堂“病入膏肓”、无可救药！

因课制宜，因材施教

在课堂上，大多数教师仍坚持着“统一规划”“统一行动”的策略，从学习内容、学习方式，甚至到学习结果，无不追求整齐划一，“一刀切”“一锅煮”，奢望学生能够从一个相同的起点出发，达到一个共同的终点。从教学实际来看，这样的想法和做法显然是行不通的，因为一个班级有几十个学生，他们从学习基础到个性特征各不相同。在教学中，教师必须遵循区别对待、因材施教的原则，方能收到良好的效果。

中国伟大的教育家孔子，通过长期的教学实践，创造了因材施教的方法。有一个流传甚广的经典故事，对孔子的“因材施教”作了生动有力的说明：

一次，孔子的学生子路问他：“听到一个道理马上就去实行吗?”孔子说：“有父兄在，你怎么不请示父兄就去实行呢?”另一个学生冉求也问了同样的问题，孔子却说：“对，马上去实行。”别的学生不解，孔子解释道：“冉求一向行动迟缓，做事退缩，所以我鼓励他大胆去干；子路一向胆大好胜，好勇过人，所以我要他请示父兄，有意压一压他。”

所以后人赞道：“夫子教人，各因其才。”

更令人赞叹的是，孔子的因材施教造就了72位“贤人”。可以说，孔子用惊人的教学成果，证明了因材施教的科学性和所起的积极的作用。

继孔子之后，我国古代一篇重要的教育文献《学记》也写道：“教也者，长善而救其失者也。”意思是，教师要发扬学生的优点，帮助他们克服缺点。

明代著名教育家王守仁，针对当时儿童教育的弊病大声疾呼，儿童教育应依据儿童年龄性格特点进行，要采取儿童“趋向鼓舞”和“中心喜悦”的教育方法。在《答黄以方问》一文中，他又强调，施教须“随人分限所及”，即因人而异，不可超越等级。

纵观中国古代教育的发展历程，可以看到，因材施教不仅代代相传、代代发扬，而且为当时的社会培养了大量的有用之才。

教师必须承认并尊重学生的差异。“世界上没有两片完全相同的树叶”，由于先天的素质和后天所处的文化环境、家庭背景等的不同，学生群体也存在着差异性和丰富性，主要表现在智力类型差异、学习风格差异和个性特征差异上。因此，教师要找到这些差异，制订一套适合不同学生特殊情况的教学措施。只有这样，才能使每一个学生在课堂上都有所收获，都有所发展。

教师在因材施教时，要遵循“因学定教”的原则。要重视教学中对学生的研究。如何从整体上看一个班级的学生状况，如何从个体上看某个学生的现状，教师应做到心中有数。教学目标、教学方法和过程设计都来自于对学生的研究，任何一种教学方法的使用都是为学生服务的。盲目地在教学形式上搞“随风倒”，在教学方法上搞“克隆”，都是以教师为中心的行为，而不是对因材施教的体现。

教师在因材施教时，要强调恰当的分组教学和合作学习。根据不同的目的，可采用同质分组、异质分组、合作学习等组织形式，从而发挥学生的主体性。这些组织形式，为不同类型的学生创设了自我表现、自我发展的机会。

因材施教要体现在分层教学上。教师应在教学目标达成的要求上有弹性，对那些确实暂时有学习困难的学生，要允许其暂时的落后。对于那些“吃不饱”的学生，也应设计好教学，促其不断发展。那种“只顾学困生”或“只顾学优生”的做法都不是因材施教。

有人问：“不是要面向全体吗？照顾大多数，就是不讲因材施教了？”其实，这是一种片面的观点。受教育者“材”的差异，不仅有高低之别，更主要的是表现的方面不同。有的学生在这方面才能出众，在其他方面则较为逊色；有的学生在这方面并不突出，而在其他方面却很有才华。所谓“通才”“全才”，一般是罕见的。因材施教正是要求教育者善于发现、注意培养学生不同的才能。

杜绝课堂上的虚假合作

课程改革倡导自主、合作的学习方式，于是，合作学习成为部分教师争相追逐的教学方式。有一次，我去做全市课堂教学大赛的评委，三天的时间，听了二十多节语文课。尽管课的内容不同，但老师们上课的方法却颇为相似。尤其是“小组合作、讨论”，无一例外地被当作重要的教学方式。这本来无可厚非，但仔细一观察，我发现有一些合作学习很明显有“为合作而合作”的嫌疑，空有其表，而无其实。低效的合作让学生难以安静、独立地读书，思考，感悟，做作业。譬如，有一节课是这样的：

老师一宣布进行小组讨论，前排学生就“唰”地回过头，满教室是“嗡嗡”的声音，每个人都在张着嘴，但谁也听不清彼此在说什么。有的小组长唱起“独角戏”，可着劲儿地嚷嚷，其余同学就只剩下当听众的份了；有的学生则一副茫茫然、不知所措的样子，更有的同学干脆把此时作为玩耍的绝好时机，偷偷地做些与讨论不相干的事……几分钟后，老师一声令下：“停！”全体同学立即安静下来。提问时，被叫到的同学一开口就是“我认为怎样怎样”，压根儿就没有合作的痕迹，表达的完全是自己的个人意见。即使他回答出了错误或者不完整，同组的人也没有主动进行补充的，老师也没在这方面适当地加以引导……这样的合作有效吗？表面上看是热热闹闹的，背后更多的可能是放任、随意和低效，甚至是无效。

合作意识、合作精神在现代学科日益细化的今天无疑有着极为重要的价值。因此，合作学习自然成为新课程的重要标志之一，在课堂上，教师极尽所能展示其合作学习的理念也就不足为奇了。但是，教学讲究的是实效，以学生“学会”和“会学”为目的。仔细辨析起来不难发现，在上述案例中，所谓的“分组讨论”，七嘴八舌、人声鼎沸的“繁荣”背后，隐藏着种种不尽如人意：

其一，从众心理往往使部分学生在讨论的过程中弱化了独立思考的能力，过分盲从于“优秀生”的观点，能偷懒时就偷懒，滥竽充数，失去了真正锻炼自身思维的机会。从某种意义上讲，教师的“一言堂”衍变为尖子生的“一言堂”，其危害可想而知。从教学实践看，那些小组中基础较差的学生往往沦为学习中的“弱势群体”，进而导致缺乏主见、人云亦云的性格缺陷。因此，一切讨论必须基于学生的独立思考之上才有意义。问题提出后，教师要给出充足的时间让学生独立探求答案，之后才是“合作”环节，这才能从最大程度上保证那些基础较差的学生不沦为“看客”。

其二，在课堂交流时，由于缺乏对其他小组问题的深入思索，很多小组对其他同学的陈述往往不太关注。甚至由于教师缺乏必要的指导，学生只重视本小组的讨论研究而忽视小组汇报，表现为学生往往没有足够的兴趣和注意力听取其他小组的研究成果。这就从客观上造成了教学效率的“低下”，极易导致学生知识体系的不完整。作为教师，不宜轻易采取各组执行不同任务的教学方式，以免因“各自为战”而失去小组间共同交流的机会和愿望。

此外，片面理解合作的内涵，把小组活动作为合作的唯一方式，忽视了学生在课前和课后的合作，也是导致学生独立思考能力丧失的重要原因。课堂的45分钟毕竟是有限的，学生也就难以在这有限的时间内完成合作学习的全部任务。搜集相关的学习资料、调查生活和社会发展的情况、对课堂教学中存在的问题进行深入研究，这些都必须通过合作与独立完成相结合的方式进行。这样，合作精神和独立思考的习惯便能完美融合了。

俗话说：“三思而后行。”合作，必须是在每个个体都以积极的态度投身于学习的基础上的合作，这样才能达到相互促进、共同提高的目的。否则，以扼杀学生独立思考为代价的“合作”，将徒有其表、流于形式，与教学初衷背道而驰。

修炼课堂评价艺术

课堂评价作为一种教学手段，贯穿于整个教学过程，是课堂教学的有机组成部分，它决定着课堂教学的走向，影响着课堂教学的效果。

《义务教育语文课程标准（2011 年版）》明确指出："在评价时要尊重学生的个体差异，促进每个学生的健康发展。"在这种理念的支配下，当前不少课堂，特别是在观摩课中，教师评价学生时表扬是"一浪高过一浪"，"说得太好了，大家为他鼓掌""嗨、嗨、嗨，你真棒"，似乎给予学生的表扬越多，就越能体现尊重学生的理念。但静下心来仔细想想，这样的表扬是不是太滥了？以学生发展为本的评价理念，在实践中是不是被演绎得"过了度""变了形"？评价真正达到它的自身价值了吗？传统教育一味地批评、指责、否定学生，造成学生自信心匮乏，当然弊病重重。但这次课改提倡多鼓励学生，也并不是要求教师海撒"棒棒棒，你真棒"这种声音啊！如果学生每天都沉浸在一种声音里，教师的评价语言没有变化，每个学生得到的评价没有区别，学生恐怕会对评价产生免疫力，评价的激励作用也就难以实现，评价的效度能有多少也就可想而知了。

一切教育措施的出发点皆为"有效"，评价也是如此。有效的课堂评价应以学生的发展为出发点和归宿，它是促进学生发展的催化剂。诚然，鼓励、称赞等积极的激励性评价对保护和激发学生的学习积极性有着积极的意义，但这并不是说，教师就必须一味地追求激励式评价，而忽略否定式评价。其实，太多的激励性评价会造成学生自我感觉太好，经不起批评和挫折，稍有不如意就情绪低落。所以，课堂上教师究竟该采取怎样的评价方式，要根据实际情况灵活掌握。

当学生的表现有明显进步，如回答到位、见解独特、表达精彩时，教师的评价应不吝赞扬之词，及时予以肯定、赞扬、激励，如"好哇，这种做法很好，你真会动脑筋”“你的发言很精彩”“又是一种很好的解题思路”“这个问题很有价值”等。如此亲切、明朗、热情洋溢的语言，学生听后怎么会不被感染？他们肯定会不断获得前进的动力，在自信中走向成功。

当学生表现不理想时，教师要善于从学生的表现中，敏锐地捕捉到其中的闪光点，用激励性评价及时给予肯定和表扬，让他们看到自己的能力和进步，从而增强学习的信心。或者通过幽默的语言化解学生在课堂上的尴尬，小心翼翼地保护学生的心灵，帮助他们纠正学习中的错误。例如，“也许有的同学还有新的见解，你想不想听一听？”“说错是正常的，老师也会有说错的时候，没关系，再说一遍。”这样的话使学生容易接受，也不会伤害他们的自尊心。

当学生思维活跃、意见相左时，教师深入浅出、追根问底，引导学生在激烈的争辩中相互启发、碰撞思维、理清思路、统一意见。要给持相反意见的学生以“申诉”的机会，要给犯错误的学生以重新修订意见的机会。

当学生的情感、态度、价值观有失偏颇时，教师在评价时要学武术中的“四两拨千斤”，化腐朽为神奇，既尊重学生的体验，又要引导学生走上价值观的“正道”。此刻的评价，最忌讳直白的否定，而应突出教师的智慧，运用幽默的语言进行引导，往往收到奇效。下面来看一个《斑羚飞渡》这篇课文的教学片段：

师：对于老斑羚舍生帮助壮年的、幼小的斑羚跃过悬崖的做法，对此，你有什么想法？

生：我觉得那只镰刀头羊最愚蠢，因为它完全可以不站到老年斑羚那一拨去。

师：为什么？

生：因为它是领头羊，它应该继续活下来带领那些得以生存的斑羚群。再说了，它舍生救下那些斑羚后，那些得以继续生存的同伴也不会感激它。

（此时有不少同学纷纷表示赞同）

师：那么，当你遇到危险的时候，你不希望自己的爸爸妈妈来救你吗？如果他们不来救你，你怎么想呢？

生：我会想，爸爸妈妈心真狠，平时说爱我，关键时候却不来管我了！

生：我希望爸爸妈妈来帮我一把，有他们在我身边，我才有战胜困难的信心。

生：我认为老斑羚舍身救小斑羚是爱自己种族的行为，只要能够保留住自己的种族，死了也值得！

师：是啊，说得多有道理啊！

在这个教学片段中，教师巧妙地引导学生进行换位思考、移情体验，让学生置身其中、将心比心，从而感受到文中老斑羚这样做的勇气。在整个教学过程中，教师的引导了无痕迹、自然贴切，让学生体会到了高尚的情操和丰富的人生体验。执教教师运用自己的智慧，把课内发生的意外枝叶，通过富有诗意的评价语言，巧妙地嫁接到学生学习的主干上去，使课堂活跃起来而又不失秩序。

许多课堂教学评价仅仅是对知识的正确与否进行评价，注重考察学生的知识掌握程度，忽视对学生学习过程与方法、情感态度与价值观的评价，尤其对学生学习的兴趣、良好的心理素质、新颖的学习方法、学习过程中独到的体验和感悟，更是缺乏及时的、丰富多彩的评价。这说明，教师仍然将焦点集中在学生学习成绩上，没有从多个角度去评价学生，忽视了学生个体发展的独特性，扑灭了学生创造的火花。

教师不要把自己当作课堂上唯一的“裁判”，要把“评价的尺子”交给学生自己，让他们产生使命感，也有当评委的情感体验，这样也可使教学收到意外之喜，促进学生认知的顺利生成。

课堂教学评价应该是一种民主、平等的“对话”，这种“对话”过程贯穿着尊重人、爱护人、发展人的人本主义情怀。在课堂上，教师要能够认真听取学生的观点，客观地分析和评判学生的想法。一切评价，皆源于对学生发展的正确引领和点拨，源于对学生学习热情和创新思维的呵护。修炼课堂评价艺术，会使课堂具有强大的吸引力，学生在课堂上快乐、轻松地学习，也将不再遥远。

再论课堂评价艺术

一、课堂评价要及时有效

在课堂评价的问题上，最可怕的不是评价水平不高，而是根本没有评价。不难看到这样的现象：课堂上学生回答完问题，教师完全不置可否，只是简单地让学生坐下，甚至让学生尴尬地站在那里不知所措。一位老师在执教某一公开课时，因自己紧张而未及时给予一位回答问题的学生应有的评价，而在这位老师突然想起并给予这位学生补偿式的评价时，全班学生竟都笑了。为什么出现了这样的情景？因为在学生看来，那位回答问题的学生完全被老师忽视了。只有及时、有效、确切的评价，才能让学生觉得老师是“我”的老师，老师是熟悉“我”并时刻关注“我”的。因此，在课堂上，教师的评价要及时有效，既不能超前，又不能拖后。超前的评价，会让学生觉得教师的评价没有太大的价值和意义，而滞后的评价则会让学生觉得自己的回应没有被重视。

二、评价要真挚而诚恳

真诚的情感是打动一切的“法宝”。教师的评价，无论高明抑或纯朴，只要真挚诚恳，都能让学生获得一种幸福感和成就感。虽然学生尚未成年，但他们和成人一样，也期盼一种真挚诚恳的交流和表达，希望自己被认可。真挚诚恳的交流、热情亲和的信任，会有效地激发学生的兴趣。一旦有了浓厚的兴趣，学生就很容易全身心地投入课堂。真诚的一个重要前提是要有针对性，要具体，要让学生感觉这个评价是合适的，而不是放到所有人身上都是适用的。那些过于空洞的，譬如“你真棒”“你真聪明”之类“放之四海而皆准”的评价并不能真正让学生感兴趣。因此，教师要从多个角度对学生进行评价，比如，学生发言的积极程度，发言的思维质量，发言的语言组织，发言内容的创新，发言的声音情况，发言时的仪态举止，等等。抓住某个应当表扬的地方给予学生恰如其分的、有针对性的具体评价，便于当事人扬长避短，也便于其他学生取长补短。评价的过程真正成了教学相长的过程，这相比那种哄小孩子一样的夸奖，效果自然不可同日而语。

三、评价要富有辨证性

教师评价学生时，既要有表扬，也要有批评。真挚诚恳地对待学生，但并不意味着放弃批评。因为挫折教育甚至失败教育是培养孩子完整的个性心理品质不可或缺的手段。表扬和批评是教师有效评价的两种必要手段。教育家班杜拉认为："看到榜样的言行受到奖励，要比只看到榜样的言行更有利于学生的学习。"同样，他也认为："看到错误的行为受到批评，也能有效的遏止学生进行错误的尝试，并起到有效的引导作用。"这说明，在课堂教学中，教师应以鼓励、表扬等积极的评价为主，但以表扬为主并非排斥批评的评价。适当的批评，不仅不会打消学生的积极性，反而更有利于促进他们的发展，健全他们的心理品格。以表扬为主并非不要批评，关键要看这种批评引起的反应是积极的还是消极的。评价要尊重学生，在批评学生时绝不能伤害学生的自尊心，要以正面效应为指导原则。可将批评有效地融入表扬中，在表扬中提醒学生，让学生提高认识，强化自律行为，促进高效课堂教学的实现。

四、无声语言的评价是补充

教师在评价学生时，除了要善于运用激励性的语言外，还应经常用无声的鼓励，即用表示赞许、喜欢的体态语言进行评价。例如，学生积极思考时摸一摸他的头，学生有独特见解时教师传递给他一个赞赏的眼神等。在课堂上，老师以满腔的热情、饱满的精神、丰富的情感，对学生一个微笑、一个眼神、一个拥抱、一次赞许、拍拍肩膀的激励、握握手的感激，都是评价。它像一缕花香、一股清泉沁人心脾。这种评价简便、直接、有效，虽然没有量表，也无法记载，但对学生的成长却起着重要的作用。谁能说它不是评价呢？一个教师在介绍自己的经验时这样写道：

在平时的教学中，我将本班开展的"争章活动"与课堂评价紧密结合起来，我与学生一起制订了许多根据课堂表现来评定的"章"，诸如"好问章""合作章""勤学章""进步章"等。当学生提出一个有价值的问题时，我就会及时地在他的"争章本"上盖一枚"好问章"，从而鼓励其他同学向他学习。当学习小组合作探讨时，全组同学合理分工、共同研究，表现较好时，我就会给这个小组同学发一枚“合作章”以鼓励先进、鞭策后进，激发学生自主参与的积极性。

这样一种无声的评价，有时比语言评价的效果更好。

著名教育家夸美纽斯说：“教师的嘴，就是一个源泉，从那里可以发出知识的溪流。”这从一个侧面充分说明课堂评价的重要性。课堂评价不应只是简单的判断学生的是与非，而应适时、适当、适量地对学生进行评价，在评价中为学生把关定向、释疑解难，引领学生走出迷茫，促进学生更深入的思考！

迂回的道路，往往是抵达目标的最近距离

——兼评李玉梅老师的《水调歌头·明月几时有》

高效的课堂是教师在教学改革中追逐的梦想。如果简单地阐述“高效”的含义，其实不妨理解为“迅速达成教学目标”。这样说，估计没有人提出异议。没错，一节课下来，迅速、干净、全面地落实了教学目标，自然就是一节成功的、高效的课。但是，中国有句古话，叫作“欲速则不达”。在很多课堂上，由于任课教师让学生掌握目标内容的心情过于迫切，于是少了一点智慧，多了一些直白，少了一些铺陈渲染，多了一些“一步到位”，看似“高效”，实则并非最佳之举，往往使教学陷入困境。

有如此之说，源于以下几点思考：

第一，高效的课堂不能忽略存在的问题和矛盾。人人都崇尚这样的课堂：教师语言精练，没有废话，教态从容，有条不紊，板书漂亮，很有条理；学生回答踊跃，颇有水平。可仔细一推敲，不得不要问：这样的课堂真的是完美的吗？当老师讲课讲得全面、完整、无懈可击时，当老师提出的所有问题学生都能回答时，实际上是老师取代了学生自主学习、探索的过程，这无异于排除了学习需要迂回前行的一切可能。消解了迂回曲折，实质上就是取消或掩盖了学习中必然会存在的问题和矛盾。没有问题和矛盾的课，没有在遇到错误后的苦思冥想、豁然开朗，这样的课往往是无效或低效的，自然也不会是一堂真正意义上的好课。

第二，高效的课堂不能忽略学生的不同起点。班级授课制存在的一个不能忽视的问题就是几十个学生必然存在着种种差异。如果教师一味地让课堂进程采取单线前进的方式，看似一帆风顺、行云流水，可必然会忽略了学生不同的起点，造成部分学生在不知不觉中“掉队”。只有不断根据课堂实情适时调整、改变预定计划，采取迂回前进的方式，搭梯子、给台阶，

才符合从不懂到懂、从不会到会的学习规律。如果教师不顾学生的起点，只急于完成教学目标，往往容易提出一些“难于上青天”的问题，可由于问题难度过大，致使学生“丈二和尚摸不着头脑”，反而拖慢了课堂的节奏，岂不是得不偿失？

第三，高效的课堂不能忽略知识目标以外的东西。如果把课堂教学简单地理解成知识的传递，而忽略了对“人”的教育，必然导致采取的抵达目标的方式过于直白。教学是一门艺术，原因就在于教学本身的实质是对“人”的教育。为什么很多教师授课思路清晰、讲解透彻，不可谓水平不高，然而实际教学效果却并不佳？原因就在于他们忽略了对“人”本身的关注。其实，真正高效的教学，要让学生在收获知识、提升能力的同时，也能让兴趣、热情、自信、欲望、毅力、习惯等一系列非智力因素在最大程度上得以利用。这就如同人们在旅行时碰到的两条路一样：一条较短，却“空无一物”，一条较长，但“风景卓然”，当二者能同时抵达目标的时候，你将作何选择？选择前者，看似节省了时间，实则丧失了目标之外的其他收获，而选择后者，看似迂回反复，浪费了时间，却收获了心情，收获了一路的好风景。这往往是优秀教师和平庸教师在本质上的不同。

听李玉梅老师的《水调歌头·明月几时有》一课后，我有这样一种感受：当李老师的学生，该是多么幸福！我想，多年以后，她的学生一定不会忘记她的课。在李老师的课堂上，不见刀光剑影式的火爆激烈，不见急风暴雨式的劈头盖脸，只见一条潺潺的溪流，在迂曲回旋中，携带了自然与美，携带了两岸无际的风景，缓缓前行。或许，在通往大海的路途上，这条小河在前进中颇费周折，甚至走了些许岔路，但正是这些周折和岔路，竟然也成了它在这一路上最大的收获。静下心来一想，一节课下来，学生所得的何止苏轼一词？恐怕对文学的热爱、对生活的感悟、对语文学科发自内心的追求，将影响他们的一生。或许，这才是这节课真正的价值所在，这才是真正的教育，真正的教学！

数学知识告诉我们，两点之间，线段最短。但是，这并不意味着我们一定要沿着最短的距离走向终点。这就如同爬山一下，迂回中，才能找到合适的上升路径，如果执意沿直线前进，恐怕等待我们的只有失败了！

第四篇 4

横看成岭侧成峰，远近高低各不同

——让教学充满智慧的力量

一节课究竟应该如何导入，如何确定教学方向，如何落实教学内容，如何归纳小结，如何进行检测评价，教师必须有具体的、精细化的预设。这种预设，实际上就是教师根据以往的经验和对学生的判断，提前对整个教学流程进行“假想”。虽然教学是一个开放、变化的过程，会有很多意想不到的事情发生，但教师还是要尽可能地想学生所想，备学生所想，要全面深入地思考探究，力争在课堂上运筹帷幄。因此，预设愈为精细，课堂教学就会愈有效。

教师需学会“望闻切问”

教师在授课的技法上与医生的看病之术有异曲同工之处，高明的医者无一不是通过“望闻切问”迅速找到患者之病灶，对症下药，从而药到病除。那教师呢？也应根据学生的学情，制订和调整教学策略，从而达到预定的目标。有些教师授课之所以总是“费力不讨好”，有“苦劳”没“功劳”，往往是因为对学生的学情缺乏准确的诊断，没有遵循“以学定教”的原则。

教师需学会“望闻切问”。

望：教师眼里要有学生，学生的表情往往是他们内心世界的阴晴表，是否专心致志、是否豁然开朗，通过学生的神态，教师可以一目了然。如果学生已经一头雾水，茫茫然不知其所以然，教师仍置之不理，径自滔滔不绝，结果如何自然可想而知了。

闻：每个教师都具有“倾听”的能力吗？否。许多教师在面对学生的陈述和表达时，总是缺乏必要的耐心，要么根本不给学生发言的机会，要么简单粗暴地打断学生的发言，从而失去了了解学生的机会。如果学生没有说出自己的思路，老师怎么能迅速找到症结之所在，从而开出正确的“矫正良方”呢？

切：教师的“把脉”，应该以必要的练习或测试为主要手段，通过精选的练习，集中反馈学生在学习中的问题所在。当然，教师要端正对待练习或测试的态度，不能连批改和必要的分析都没有，也不能想当然地去找病根，否则，虽然开了“药方”，却很可能犯下“不对症”的毛病，后果可能就不是单纯的浪费时间这么简单了。

问：主动出击、了解学情，是教师应该常抓不懈的一项工作。如果一个教师缺乏“从学生中来，到学生中去”的意识，连“不耻下问”“调查研究”的举措都没有，只知道闷着头沉浸在自己的思路中，一条道走到黑，恐怕很难成为真正优秀的教师！

彻底删除“标准答案”

曾经看到过这样一个语文课堂教学的片段：

在教学古诗《题西林壁》时，在引导学生理解诗意这一环节上，一位语文老师向学生提出了这样一个问题：“同学们，刚才我们已经读熟了这首古诗，现在谁能说说‘横看成岭侧成峰’这一句诗的意思呢？”老师话音刚落，马上有一个学生站了起来，说：“老师，这句诗的意思就是说‘横着看成了山岭而侧着看却成了山峰’……”“你是说‘横看’的意思是‘是横着看’吗？”学生刚要往下说，却被老师的话拦住了，该生望了老师一眼，点了点头。老师摇了摇头，当即否定说：“不对！”学生便满脸疑惑地坐下了。接下来，老师便这样引导学生：“同学们，你们在读课文的时候眼睛是从哪一边向哪一边看呢？”学生答道：“从左向右看。”老师说：“这就对了，如果把这种看法运用到诗中，你说诗人是怎样看的呢？”学生马上做出了回应：“从左向右看。”老师对学生的回答也当即做出了信息反馈：“对，‘横看’的意思应该是‘从左向右看’才对。”

从整个教学片段来看，这位老师在教学“横看”这一词语的意思的过程中，巧妙借用了学生在读书时的顺序来进行引导，可以说引导得“有声有色”，的确让学生理解了“横看”就是“从左向右看”的意思，倘若翻开教学参考书看看，“横看”也的确是“从左向右看”的意思，就其教学目标来说是达到了。只不过细思“横看”的意思和刚开始时那个学生回答的“横着看”这一答案，我的看法却不能和这位老师苟同。“横看”就其意思来说，参考书给出的答案并没有错，的确是“从左向右看”的意思，但我想参考书上的答案也许并不是唯一的答案。诗句“横看成岭侧成峰”中的“侧”应该是和“正”相对的，只因用“侧看”和“正看”读起来不顺口，也不符合诗的意蕴，所以作者才用了“横看”一词。而实际上，从看的角度上来说，“从左向右看”也就是“正看”和“横着看”的意思，如果老师能离开参考书开阔思维，就会发现学生的答案实际上也没有错。在备课的过程中，教师把“从左向右看”看成是“横看”的“标准答案”，这无疑扼杀了学生的发散性思维，因而从某种意义上说，教师的引导不但没有“功”，相反，是有“过”的。

诚然，在教学中，“标准答案”的确能给教师的教学指明正确的教学方向，并且学生所掌握的答案也是绝对正确的，但如果老师在教学中凡事都以“标准答案”来指导教学，把它固定成自己的一种教学方式，这就是不正确的了。这样一来，学生的发散性思维和创造性思维全被“标准答案”所“挤占”，如果学生回答的不是教师设计的答案，为了确保万无一失，教师便严格要求，不假思索“一刀劈下”，久而久之，这对教学是极为不利的。

很显然，“标准答案”阻碍了学生的发展，让学生变成唯“答案”是从的“答题机器”。学生是教学的主体，教师教的效果主要是从学生的身上得以体现的，但这种体现并不是让学生在教师提问之后能够按照标准答案答出来。条条大路通罗马，我们要检测的不仅仅是看学生会不会走，更主要的是要让学生根据自己自身的条件选择一条适合自己走的路。一个问题有很多种解决的方法，更重要的是要让学生知道并能根据自己的实际情况选择一种自己所喜欢的方法。只有这样，学生在以后的学习过程中，才能举一反三而不是“唯一而从”，从而开拓思维空间。“标准答案”只会把学生变成一问一答的“机器人”，如果学习的环境稍有改变，他们便会无所适从。

跟老师们聊起来，大家都很担心：如果不去追求“标准答案”，会不会影响到学生的考试成绩？要是分数没有了，教师的劳动成果应该如何体现？这种担心看起来不无道理。考试的评分重视标准答案，它逼迫教师不得不唯答案是从，于是，“怎么答就怎么学”就成了教师无可奈何的选择。一道论述题，老师画重点：“这道题一共三个要点，一是……二是……三是……”每个要点都是“得分点”，记住两点不行，创新四点也会错。不容置疑的“标准答案”一旦被确立，“顺我者昌，逆我者亡”的机制立即被激活。比如，老师问：“一个春天的夜晚，一个久别家乡的人，望着皎洁的月光不禁思念起了故乡，于是吟起了一句诗。这句诗是什么？”一个学生答：“举头望明月，低头思故乡。”结果被判卷老师在回答下面打了个“×”，因为标准答案是“春风又绿江南岸，明月何时照我还”。这样可以称为“笑话”的例子并不鲜见。学生一旦把答案当成权威，深信不疑，还怎么能有质疑精神？“我们的学校为何培养不出一流的人才？”钱学森之问，犹在耳边，而一流人才，绝不会止步于“标准答案”。因此，作为一个有良知的教师，不能仅仅为了眼前的一个分数，而给学生加上太多的条条框框，使他们不敢“越雷池半步”。要鼓励学生敢想敢说，敢于创新。更何况，目前考试也在不断改革，试卷命题中的主观题所占比例越来越大，这就要求学生必须摆脱“标准答案”的束缚，才能取得好成绩。

还需要注意的是，“标准答案”不仅影响到了学生，也同样阻碍着教师的发展。如果教师在教学中凡事都以“标准答案”为准，对于一个问题，在备课之前不去找找看有没有其他的解决途径而是唯一而从，造成的后果便是自己的教学会越来越僵化，很难适应教育形势的发展。在教学中，教师教学方式的创新来源于教学经验的积累。以本文开始提到的那位语文教师为例，如果该教师的心中没有锁定“从左向右看”这个“标准化”答案，在学生回答之后多加思索让学生自由发挥，那么在以后的教学过程中他便会积累到一种经验——考虑到学生的思维。仅此一点，教师在以后的备课过程中便会多加分析，得出适合本班实际的教学方式，从而使自己的教学得以创新。如果凡事都以“标准答案”为准，那么教学方式还分什么“启发”式和“填鸭”式呢？干脆将答案一一“填给”学生，岂不方便了很多？

考试、评价的基本功能是培养人、教育人、塑造人。中小学生的思维正处于发展中，如果教师采用“标准答案”去培育他们，那只会扼杀学生思维的发展，达不到“育人”“发展人”的目的。同样，教师的教学要想真正变得“有声有色”从而取得“育人”的实效，绝不能用“标准答案”来指导教学，更不能把教参当作“救命稻草”，不能把抄写标准答案、背诵标准答案作为最重要的教学方式。若教学使思考和质疑成为课堂的主流，答案是不是“标准”的，又有何妨呢？

用精细化的预设为高效课堂保驾护航

传统的课堂教学有这样一个弊端：统得过死。课堂教学僵化呆板，一节课不过是按照教师精心“炮制”的教案按部就班地“演”一遍而已，大多数情况下是波澜不惊，难免浇灭了学生思维的火花。

于是，新课程下的课堂教学开始强调动态生成，意在创造教学实践中许多未曾“预约”的精彩。这本来是一种教学思维上的巨大进步，但落实到课堂实践，却走向了另一个极端：一些教师过分强调课堂上的动态生成，夸大了动态生成的作用，忽视了课前必要的预先设定。他们认为，新课程下的课堂教学设计越简单越好，甚至教师不用备课，应放手让学生自主学习，让生成决定课堂，因而对学生的了解疏忽了，对教材的研究粗浅了。

果真如此吗？

非也！

没有精细化的预设，也就不会有所谓的“高效课堂”。

教学是一种有目标、有计划的活动，教学的运行需要有效的预设。“凡事预则立，不预则废。”那种没有预设的、“放羊式”的课堂，容易造成远离文本、任意生成的局面；旁逸斜出、无谓争辩的局面；陷于一点、纠缠不清的局面；脚踩西瓜皮，滑到哪里算哪里的局面。没有预设的教学，只能成为一种信马由缰的活动，很难收到良好的效果。

我们不难发现，有些课堂陷于无意义的辩论和讨论之中，自以为是突出了学生在课堂上的主体地位，其实已经远离了教学的出发点。这种漫无目的的教学，无论如何与“高效”二字不沾边。因此，一节课究竟如何导入、如何确定教学方向、如何落实教学内容、如何归纳小结、如何进行检测评价，教师必须有具体的、精细化的预设。这种预设，实际就是教师根据以往的经验和对学生的判断，对整个教学流程的提前“假想”。虽然教学是一个开放、变化的过程，有很多意想不到的事情发生，但教师还要尽可能地想学生所想，备学生所想，要全面深入地思考探究，力争将课堂过程运筹于帷幄之中。因此，预设愈为精细，课堂教学实施就会愈有效。

当然，这并不是否定生成，而是说，教学的预设无不是为了有效生成，教师要对课堂教学进行充分的预设，使生成更具方向性、更富有实效。没有精心的预设，学生再活跃，课堂再热闹，也掩盖不了教学实质上的苍白。正是精心的预设才使生成成为可能，那种一味依赖“生成”而弱化教学预设的做法，显然得不偿失。

一个好的教学预设要符合以下三条标准：一是有正确的方向；二是实事求是，符合科学规律，既不虚夸也不保守；三是简便易行，具有可检性。简单地说，就是要做到目标明确、任务合理、方法科学、措施有力，能随时检验教师对教学预设的执行情况。为此，教师要准确把握教材、全面了解学生、有效开发资源，这既是教学预设的重点，也是有效动态生成的起点。

重视教学预设，要求教师在全面分析学生、教材的基础之上，在备课中对每一个教学环节作出两种甚至多种可能出现的生成性预设，认真思考在每种情况发生时教师该采取怎样有效的方式予以处理和引导。这样的预设基于教师对课堂和学生的真正负责，基于教师对以往教学经验和教训的不断积累。譬如，在课堂上让学生讨论一个问题，那么教师就要提前想一想：依照学生的认知水平和思维方式，在这个问题上学生可能会有哪些观点？这些观点如果偏离了正确的认识，教师自己准备采取什么样的方式来进行纠偏？这样一来，教师就真正做到了“胸有成竹”，可以避免在课堂上措手不及的情况发生，顺利应对课堂生成。

总之，只有尽可能地把课堂生成纳入自己的教学预设中来，教师才有可能“练就”一双火眼金睛，在课堂教学中做到游刃有余，真正实现预设中有生成，生成中有预设。

合理布置和处理作业

作业的布置及批改是教师的教学工作中极为重要的一环，是教师提高教学质量的重要保证。科学、合理、及时地布置和处理好学生的作业，有利于教师及时发现教与学中存在的问题，了解学生的学习状况，查漏补缺，消除“负积累”，从而提高教学效率。这是一个非常浅显的道理，但在教学实际中，往往为教师所疏忽。

布置作业的量要科学、合理，绝对不应出现不布置作业或不考虑学生实际而盲目加大作业量的情况，否则就会导致学生对完成作业失去兴趣。尤其是那些纯机械重复性的作业，除了耗费学生时间和浇灭他们的学习热情外，几乎别无他用。对安排好的练习内容，教师在布置给学生之前，应该亲自动笔做一做，确定难易程度，做到心中有数。对个别难度较大的题目，教师可在布置作业的同时，适当补充例题进行过渡，以降低难度，使学生能够适应。作业题目的设置应丰富一些，教师要充分考虑学生的承受能力和知识的前后联系。

作业的处理也往往会产生问题。处理环节不到位会使之前教师所做的工作功亏一篑。因此，教师要注意以下三点：首先，对学生作业的批改要及时，不能拖拉。对每天都有作业的学科而言，当天的作业教师必须当天批改完成，并下发到学生手中，为新授课奠定基础。其次，对批改完的作业要认真处理。一是督促学生对作业中存在的问题及时修改，二是对作业中出现的普遍问题和个别问题，要分别采取全班讲评、小组讲评、个别指导等方式予以解决，从而在了解学生情况的前提下进行新授课，做到有的放矢。最后，要鼓励学生建立错题本，自觉归纳出现问题的题目。千万不要以为错题是偶然的，其实它的背后反馈出的是学生在某个知识点上的欠缺。

对学生作业的书写要严格要求，必须培养学生认真书写作业的习惯。根据学科特点，学生要掌握必要的解题格式并严格遵循之。学生作业要用作业本的形式，坚决不允许使用作业纸。否则，学生边用边“丢”，使作业的功效大大减弱。要教育学生收集和整理好作业本，作为总复习时的重要资料。

对需要背诵、默写的作业，教师要根据学科要求，采取单兵教练和抽查相结合的形式，及时、全面地检查，要常抓不懈。

另外，在作业问题上最让老师苦恼的是屡禁不绝的“抄袭”现象。通过权威调查显示，真正独立完成作业的学生比例不足30%，这是一个令人震惊的数字。如果教师天天辛辛苦苦批改的作业都是学生“不劳而获”的，一切付出不都是徒劳吗？如果不遏制学生抄袭作业的现象，那么老师做出再多的努力也是白费的。因此，教师应该明确在作业问题上对学生的要求。学生作业必须按时全部完成并交给教师，对未按时完成作业的学生，教师必须及时提醒和严格督促他们完成。班主任和科任教师要严格要求学生，彻底杜绝学生抄袭作业的现象，培养学生独立完成作业的良好习惯。这不仅仅是教给学生知识，也有利于学生养成诚信的品质。那么，如何克服学生“抄作业”的现象呢？

第一，要加强教育和引导，让学生意识到独立完成作业的重要性，从思想上去克服抄袭和作弊的习惯。要想方设法杜绝抄袭作业的途径。教师可以要求每个学生建立作业记录本，教师只要看学生的作业记录本，对学生每天的作业情况便可一目了然。家长也可以参与进来，然后在开家长会时，教师就可以告诉家长学生的作业完成情况。对重要的作业，教师可以要求家长签字。

第二，学生要养成不进教室就交作业的习惯。要求学生提前把作业准备好，来到学校后就直接交给老师，尽可能杜绝抄袭。另外，可以安排学生执勤，负责检查和监督。

第三，要从细节上做好工作，譬如，练习册的答案不能保留；要做好学生思想工作，特别是优秀的学生，不能为其他人提供抄袭的样本。

第四，教师的检查和批阅一定要有，学生是不是真正完成作业了，要及时发现，及时处理。批阅要及时，发现问题要及时，跟学生要作业要及时。学生作业没有完成时，教师不一定要罚学生写作业，但一定要让学生补写。如果学生在做作业的过程中遇到困难，不会做，教师要帮助他们解决问题，或者由负责的同学来帮助他们解决。

世界上的事就怕认真二字，如果学生完不成作业时，老师不依不饶、穷追不舍，我相信任何一个学生不敢再轻易地拿作业糊弄老师。当然，对待不同情况的学生，教师也未必非得拿同一把尺子来衡量他们，要在他们的能力范围之内去提要求。如果非要求最后一名学生跟第一名一样，恐怕教师也会落个故意找茬的嫌疑。

作业问题看似简单，但对教师而言，却是一个极容易被忽视的问题。据美国一位教育家的调查资料显示，不合理的作业是造成学生学习兴趣下降最主要的原因。因此，教师要加强对作业问题的研究，在教学实践中，逐步摸索规律，使作业的布置与处理发挥应有的作用。

让作业评阅“变脸”

如果问一个老师这样一个问题：“你会批改作业吗?”这个问题可能会让他感到不屑一顾：“我是老师，难道还不会批改作业吗?”可如果再进一步去问：“你认为批改作业的目的是什么？到底怎样批改才会更有成效？现在的作业批改中有哪些弊端?”恐怕有些老师就未必能够轻松回答了。

2009年10月9日的《潮州日报》曾经刊载了一篇《作业批改谈》的文章，读来颇有味道：

30年前，常常感到最“惊心动魄”的一幕，是老师把批改后的作业本发到手上，翻开来的一刹那，看到满纸鲜红的“√”，那种愉悦的心情真是难以言表；要是其中有的答案下面给打了“×”，常常会羞愧得很长时间抬不起头来。同时根据学生作业对错的具体情况，老师的批改符号又有细微的变化。答案基本正确，但尚有欠缺、不够完整的，会在“√”的尾巴上加一个点；如果其中的问题不止一处，教师如法炮制，会在“√”的尾巴上再加上相应的数个点，其结果是叫人越看越糊涂。作业做错了，而且错误“性质”相当严重，或者其字迹潦草，极不认真，老师会划得“×”很大，甚至可以占据作业本的整整一面；有时老师下笔力度重些，则“×”还会同时划破好几页纸，真是“力透纸背”，还要加上龙飞凤舞的“重做”，可见老师是动了真怒。

20年前，对错之间已发生了微妙的变化。先是老师被要求不能在批改作业时使用“×”。学生做对了仍可打“√”，而做错时不能简单地打上“×”了事，而要在作业本上指出来，改过来，不必另加符号。同时，在可能的情况下，提倡教师对学生作业面批面改，对作业中值得肯定的、需要注意的地方一一指出，温言细语、周到备至，令学生心悦诚服。

10年前，素质教育被正式提出和实施。作为教育改革的内容之一，等级分和激励性评语等做法也陆续被推广。老师在给学生评分时不必精确到小数点，而以“优秀、良好”等代之，其用意是把学生引出分数的泥潭，把精力放在追求真知、培养能力上。作业批改的激励性评语也被大量使用。

3年前，迎来了“可爱老师”与“可爱作业”的热潮。老师在作业上和学生交流，学生还可以在作业本子上“回复信息”，师生之间情谊融融。甚至出现了可以根据不同水平的学生而设立的“作业市场”，通过班级博客、QQ空间、E-mail等方式进行批改电子作业。

教师作业的批改符号的变迁，折射出教育改革的一段历程，让人从中体味到教育思想的转变，更是一个国家文化教育的深层变革与进步，历史会铭记着过去那段沧桑的岁月……

的确，如文中所写的一样，教师对作业的批阅变化，显示着教育思想的转变，显示着教育理念的提升。

当然，有些教师囿于自身认识，并未真正重视作业的批改这一问题。翻阅学生的作业，可以发现批阅情况五花八门，其中不乏“应付者”，譬如，每篇作业上都是不假思索的大红钩，而作业中的错误却赫然在目，或者作业上简单注明“优、良、中、差”或“大有进步”之类空洞乏味的评语。当然更有甚者都不批阅作业，只满足于学生做了，至于对错，无关紧要。

这样的作业批阅导致学生对作业的重视程度大大降低，或者胡乱应付，或者抄袭了事，或者满足于一个简单的成绩，却不去想办法解决作业中出现的种种问题。作业是学生学习的一个重要环节，如果不能发挥其应有的作用，将是教学的巨大损失。因此，对一个教师而言，如何提高作业批阅水平是一个必须解决好的课题。

第一，要立足于学生知识水平的提高。作业最重要的功能之一就是让学生巩固所学知识。作业就是学生对所学新知识或关键的内容进行有针对性的强化训练。因此，通过教师对作业的及时批改、及时反馈、及时矫正，有助于学生迅速发现学习中的不足，从而不断修正和提高。

第二，要立足于培养学生良好的习惯。教师在批阅作业时，不能仅仅满足于正确率，对学生完成作业是否及时，是否独立完成，作业的书写是否整齐，解题格式是否规范，对作业中的错误持何种态度，是否重视非书面作业，甚至作业本的保管是否到位等，都要予以关注。对学生不良的学习习惯，教师应该通过作业的批阅，及时进行调整、改变，以保证学生学习的后续动力。

第三，要立足于学生主体意识的树立。“全收全改”是长期以来广大教师普遍采用的批改作业的方法，这有助于教师全面了解学生对所学知识的掌握情况，进而有针对性地安排后续章节的教学，知己知彼，备好下面的课，但要花费教师大量的课余时间，教师也很难做到精批细改。教师可以尝试让学生“自批自改”，让学生成为批改作业的主体。这种方式的变换，有利于调动学生学习的积极性，促进学生的个性发展，树立学生学习中的主体意识。

第四，要立足于学生非智力因素的发展。习惯性地用“√”“×”来评判作业正误，评价学习思维、学习成绩，往往影响师生之间思想、情感的交流。教师不妨换个方式，如在错误的字词下面划“—”；在错误答案的旁边打个“?”；若学生的作业做得认真但没全对，给他画一个笑脸，表示老师对他的作业态度的认可；若这生的作业做得认真且无错误就加“☆”等一系列符号，把那讨厌的“×”永远驱除在作业本之外。这样做，有助于师生情感的交流，保持学生的学习兴趣和热情，增强其自信心。

总之，作业批改作为常规教学的重要环节，既是课堂的补充和延伸，使学生对所学知识进一步消化、吸收，也是反馈教学信息的重要途径。教师通过作业的批改，可以从学生那里得到有关信息，把握学生知识掌握和能力发展的程度，及时调整教学方案，修正教学行为，确保后续教学的实效性、有效性和针对性。恰当的批改方式有助于师生双方了解和分析教学成败的原因，以便于调整教学目标、进度和方法，无疑会促进教学质量的提高。

切忌“临阵磨枪”

俗话说：“临阵磨枪，不快也光。”要考试了，可平时的学习又没有到位，无法顺利完成考试，怎么办？很多学生就在临考前进行“恶补”，用超出平常许多倍的精力，废寝忘食、挑灯夜战、刻苦学习，这样一来，在考试时通常也能取得一定的效果。

学生这样的做法，虽不可取，但也说得过去，就算是为自己平时的懒散付出的“代价”吧！可偏偏有老师也从中看到了让学生取得优异成绩的希望，于是也打起了“临阵磨枪”的旗号，带来的后果就值得反思了。

老师的“临阵磨枪”有何体现？

第一，考前任务突然加大。很多老师平时不怎么给学生布置作业，即使学生的作业完成得不好也懒得过问。临近考试，很多老师会一下子把作业加大到极限，丝毫不顾及学生的真实感受，逼着学生“点灯熬油”，通宵达旦地写作业。如果学生完不成，对不起，那老师就会不依不饶。为什么呢？为了让你考个好成绩啊！理由充足，不得反驳！

第二，考试前要求突然提升。很多老师平时不怎么管学生，学生学得是否认真也不在意。临近考试，很多老师对学生的要求严格起来，上课不认真听讲？没门，骂你一个狗血喷头。下课执行的是“人人过关”，学生排着队到老师面前接受检查。背不下来？对不起，别想去吃饭。为什么？为了让你考个好成绩啊！做法得当，不得造次！

这些“临阵磨枪”的行为，在相当一部分老师身上表现得淋漓尽致。说起来，这种“热情”是可以理解的。哪个老师不希望自己的学生取得好成绩？毕竟，这是在领导和同事面前展现自己实力的时机。要“露脸儿”，就得下功夫啊！但理解归理解，并不能成为支持这种行为的理由。就我个人而言，我坚决反对老师进行“临阵磨枪”。为什么？因为这样的行为没有走在科学的、正确的道路上。

老师的“临阵磨枪”弊端是极大的，至少是“弊”远远大于“利”，理由如下：

第一，“临阵磨枪”并不能有效提高学生的复习效果。单纯依靠短时间内超大的作业量，特别是依靠那些重复、机械的作业，并不能让学生牢固地掌握所学知识。心理学上有个“超限效应”，讲的就是凡事做过了头，不仅达不到目的，反而会出现负面效果。让学生抄写10遍试卷、默写100遍单词，这些做法，除了让学生丧失学习兴趣、厌恶学习、养成敷衍了事的习惯之外，根本收不到预期的效果。如果说学生自主的“临阵磨枪”还有一定效果的话，那是因为他们有自己的选择和判断，能够心甘情愿地根据需要进行复习，而老师层面上的“临阵磨枪”，由于突出了强制性，往往是以剥夺学生的思考权和自主权为出发点的，学生是在硬着头皮做着自己不情愿做的事情，效果如何可想而知。特别是那些优秀的学生，原本有较强的自主学习能力和良好的学习习惯，本可以很好地规划好自己的时间，却让这些“硬塞进来的”、不得不完成的任务占据了全部精力，负面影响自然更为突出。

第二，“临阵磨枪”造成师生关系紧张，得不偿失。老师一急便面目可憎了，师生之间的对立突然升级，原本和平共处的局面一去不复返。学生表面敬畏老师，但背地里恨老师、骂老师、不理解老师的现象愈来愈多。一个学生不喜欢老师了，不喜欢老师教的学科了，要指望他学好是不现实的。也许通过“临阵磨枪”式的高压政策，学生可以暂时取得一点点成绩，但从长远角度来看，总给人“捡了芝麻”却“丢了西瓜”的感觉，得不偿失。

第三，“临阵磨枪”也不符合应考规律。大凡考试都有一个学生的状态问题。学生的状态好，在考试中发挥得就好，状态不好，在考试中就容易发挥失常。怎么保持考前状态？简单地说，就是营造适当的紧张氛围。注意，关键词是“适度”，没有紧张不行，紧张过了头也不可以。这就像跑步比赛一样，赛前运动员总会做些慢跑、拉伸之类的动作，让身体保持一个热度。我们什么时候见到运动员马上要比赛了，自己先拼命跑上两圈？如果“临阵磨枪”过了头，学生疲惫不堪、头晕脑胀，想让他在考场上发挥出色肯定就是老师一厢情愿的事了。

立足课堂、立足平时，才是教学取得成绩的关键。忽冷忽热、一惊一乍的教学策略，似乎能够占到眼前的一点便宜，但久而久之，你会发现越教越费劲，越教越吃力。到那时候，恐怕再想“临阵磨枪”，连磨枪的石头都无处可寻了！

有效复习的“五个强调”

一、不能过分强调“三轮复习”，而应强调“一轮过关”

按过去的说法，中考复习必经“三轮”：第一轮为“扫荡式”复习，即全面系统的复习；第二轮为“专题式”复习，即集中优势兵力，突破重点堡垒；第三轮为“实战模拟式”复习，即通过综合练习，进行“实战演练”。这种思路固然好，但在实际复习中，往往不能收到很好的效果。由于复习时间短，加之各种外在因素的影响，第一轮复习往往被冲淡了，很多老师为了赶“速度”而不惜忽略学生的掌握程度，结果造成第二轮、第三轮复习“落空”，成为“空中楼阁”。因此，强调“一轮过关”意识更为重要，不必追求复习的遍数，复习进度应绝对服从复习质量。要针对每个复习点予以精心设计，安排好复习策略，筛选好练习内容，并根据教学实际情况及时调控，立足于一次达标。

二、不能过分强调“题海战术”，而应强调“精练精评”

“多练”似乎是提高学生成绩的有效方法，但在时间紧迫的情况下，练什么、怎么练也极为重要。如果不分主次、不辨轻重、不加选择地让学生完成大堆的题目，不注意题目的典型性，不回避题目的无谓重复，再多的练习也无法实现提高学生成绩的目的。任何一本练习资料都不可能完全针对学生的实际水平来设计。因此，认真遴选练习资料是教师必不可少的工作。更为重要的是，练习完成以后的“讲评”“补救”环节，如果不能克服形式化，不注重对学生能力的提高，练习的价值将大打折扣。

三、不能过分强调“时间宝贵”，而应强调“思想鼓动”

在复习阶段，教师往往一味强调知识的重要性，几乎课堂上所有的时间都用来让学生恶补知识，完全忽视了对学生的思想教育，忽视了对学生良好习惯的培养，结果导致学生的理想教育、前途教育缺失，导致学习动机不明，学习氛围不浓，缺乏紧张感，缺乏严格的自我要求。“磨刀不误砍柴工”，通过教师的引导和激励，保持学生旺盛的求知欲和上进心，比低效状态下强行灌输一些所谓的“知识”显然更为有益。因此，定期举行主题班会，开展一些励志活动，引导学生思想和情绪的走向，并非“多此一举”，反而能为复习的有效性奠定扎实的基础。

四、不能过分强调“教师演出”，而应强调“学生参与”

在新授课上，很多教师往往注意发挥学生的主体作用，让学生成为舞台的主角，但一到复习课，似乎一切都变了，很多教师为了追求所谓的“大容量”“快节奏”，硬生生地将学生赶下舞台，自己在课堂上“独舞”，而学生重新沦为观众。殊不知，初中阶段的教师，绝不能是教授型的，只满足于把知识体系搭建起来，把考点讲明白，而不去培养学生主动思考的意识，没有让学生动口、动手、动脑。对不起，教师的东西永远是教师的，并不能被学生拥有。要引导和“逼迫”学生主动跟老师来“索取”，如果教师一厢情愿地“给予”，但学生不领情、不理睬，复习效率高低自然可想而知了。

五、不能过分强调“各自为战”，而应强调“团队作战”

每个教师成为优秀的个体自然是一件好事，但是，复习是一个系统的工程，如果只有个人努力，永远达不到团队出成绩的目标。没有集体的成功，永远没有个体的优秀。教师要有交流意识、合作意识，要时刻注意保持头脑冷静，相互提醒着抬头看看前面的路，防止在复习过程中走了岔路和弯路。因此，从复习计划、复习策略的制订到一套复习资料的编写，必须采取分工合作的方式完成，这样既减轻了每个人的负担，也发挥了众人的智慧。“智慧来自于大家的头脑”这句话用在复习的“团队作战”上，再恰当不过了。

考试之后做什么

每次考试结束，一堆堆的数据应运而生，如年级排名、班级排名、学科组三率、教师个人成绩，等等，令人眼花缭乱。这些数据到了老师、学生、家长手中，反应各不相同，或扬眉吐气，兴高采烈；或失望痛苦，一声叹息；或麻木迟钝，置之不理……

这就是考试要达到的目的吗？如果考试仅仅是为了获得高分、找到一个名次，就歪曲了考试的目的。想成为一个优秀的教师，就要能够准确地把握实现每个教育行为自身价值的准确途径。考试也是如此，教师只有明白了为什么要考试、知道在考试后做好哪些工作，才不会把考试只理解为一个孤零零的分数和名次，才会引导学生和家长正确面对考试，并从考试中得到更多的启迪和收获。

那么，考试之后究竟要做什么？

第一，老师客观审视自己的教学，找到不足，并进行调整。由于思维的定式，很多老师在教学中会沿着不断重复的路习以为常地走下去，“不识庐山真面目”，太轻车熟路了，有时就像是蒙上了双眼一般，无法发现问题之所在。通过考试，预想结果与实际情况的差异必然会暴露出来，教师就需要思考：是教学内容的安排脱离了学生实际？是教学策略不合学生“胃口”？是学生对学科的兴趣不浓？是学生参与课堂太少？是练习和作业的质量不高？是师生关系存在问题？通过思考，教师就可以找到答案并寻求改变的策略。考试就是要促使教师停一停、看一看、想一想，不只会埋头拉车，还要学会抬头看路。考试为师生提供了极佳的反思机会，如果再与贴切的师生座谈、问卷等形式相结合，效果会更好。

第二，审视学生的学习状况，找到他们在知识、能力上的缺陷，对症下药，及时补救。在日常教学中，虽然教师可以通过课堂教学、练习作业、辅导等方式了解学生的学习情况，但毕竟难以全方位地加以了解，而考试，由于其综合性，就能使教师发现学生在哪个知识点上比较含糊、哪个能力点上存在不足，进而通过集体“补课”、个别辅导等方式进行补救，消除“负积累”。这就出现了一个问题，如果一个老师仅仅因为成绩好与坏而“或喜或悲”，却不能静下心来对试卷做些扎扎实实的分析和统计，那就会大大降低考试的价值。考了，但不能准确发现问题，就像大坝面临崩溃，却不去想方设法找到那个小小的“蚂蚁窝”，那考试的价值自然也就无法体现。找到漏洞，想方设法堵住，对教学结果而言，自然事半功倍。很多老师在这方面是有自己的处理方式的，譬如，针对典型错误组题重新测验，学生整理错误笔记，或有针对性地补充训练，等等，都能很好地促进考试效益的最大化。

第三，审视学生的行为和思想状况，及时纠偏。考试的价值在很大程度上是在成绩之外的。例如，学生的诚信、克服困难的意志力、班级的凝聚力等思想品质方面的锻炼，很大程度上也要仰仗考试后教师所做的工作。学生考好了，如何面对成功；考得不好，如何引领学生走出失落，这都是值得教师考虑的问题。因此，考试之后一定要认真总结、点评，比如，写一写“考试感受”、谈一谈“成败得失”、面对面“交流思想”，这些后续工作会使考试的价值进一步提升，也使学生在考试中的感悟得以升华。

可以说，考试后续工作越扎实、越有序，效益就会越高。如果考试结束就“万事大吉”了，考试就注定失去了其大半的意义。

如何“讲评试卷”最有效

去听课时，常听到有老师这样婉言推脱：“我这节课就是讲评试卷，没必要听。”对于毕业年级的老师而言，“讲评试卷”“订正练习”的确是经常做的一件事。之所以婉言谢绝，就是因为在老师的头脑中有这样一种认识：讲评试卷课无非就是“对对答案”，反映不出教师真实的教学水平，何必要听呢?

果真是这样吗?

恰恰相反！同样一份试卷放到不同的教师手里进行讲评，效果是大相径庭的。我多次聆听“讲评试卷”“订正练习”课，可以毫不客气地说，有些课堂的效率之低令人瞠目结舌，给人的感觉完全是在浪费时间。

如何“讲评试卷”最有效呢?

第一，必须在学生完成试卷的前提下进行讲评。要注意，虽然有的试卷教师已经下发了，但学生并未真正完成。如此，学生根本没有提前进行思考和理解，没有提前进行动笔体验，试卷上空空如也，老师就开始滔滔不绝地点评，学生却不知所云，这样的讲评效果自然接近于零。

第二，必须在熟知学情的基础上进行讲评。学生虽然完成了练习，但哪些是问题比较大的题目，哪些是绝大多数学生已经掌握的，老师没有通过批阅试卷或者抽查来提前有所了解，而是直接“开讲”，必然造成平均用力、重点不突出，已经没问题的题目老师还在津津有味地讲，而有问题的或者问题比较严重的题目也未刻意强调，而是“蜻蜓点水”，一带而过，时间和精力分配得不合理，也就造成了效率的低下。

第三，必须“知其然，更知其所以然”。学生的答案对也好，错也罢，教师不要急于给予肯定或否定，要时刻注意引导学生说出自己得到答案的思路和理由，这样才真正达到理解和掌握某一知识点的目的。如果一味地乱嚷一通，却不知道为什么如此选择，最终的效果可想而知。

第四，必须通过订正试题让学生复习到相应的知识点。练习的目的不是为了让学生会做某道试题，而是为了让他们掌握某个知识点，所以，订正练习只是表面现象，要善于通过试题敏锐地发现学生对某个知识点的掌握情况，以此确定教学的补救方向。

第五，必须通过练习将试卷“讲厚”。所谓“讲厚”，就是将一套试卷讲出两套、三套甚至更多的试卷的分量。要善于在讲解过程中举一反三，尤其是对错误率较高的试题，随时补充同类型的试题，进行订正后的后续练习，目的就在于让学生对某一类型题目的特点、解题思路、解题容易陷入的误区迅速和深入地掌握，形成能力的迁移。

第六，必须有意识地引导学生暴露错误。练习的目的就在于矫正错误，矫正的前提是发现错误。如果在讲评的过程中，教师一味地满足于让优秀生发言，满足于“正确率”“成功率”，甚至有意、无意地掩盖学生练习中的错误，是得不偿失的。要充分利用学生的“典型错误”，将其作为最重要的讲评资源。

第七，必须提供修改错误和整理试卷的机会。试卷讲评完毕并不是结束，要看学生试卷上的错误是否全部修改完成。必须设立一个环节，给学生提供修改的机会，教师通过巡视或进一步批改，了解讲评的效果。对学习能力较强的学生，可以鼓励他们设立错题本，将典型错误分类整理，促使试卷讲评的效果达到最优化。

第八，必须发挥学生的主体作用。试卷讲评也并非教师的“一言堂”，没有学生的积极思考、讨论发言，没有学生的相互修正、相互帮助，效果自然不会理想。

5 第五篇 问渠那得清如许？为有源头活水来

——让教师走上研究的道路

一个理想的教师，应该是一个追求卓越、富有创新精神的教师，而不应该亦步亦趋、因循守旧，毫无灵性可言。一个人能够获得成功，在很大程度上在于他是个有心人。因此，教师要做教育的有心人，研究课堂、学生，而不是年复一年、日复一日地重复，不思进取，不求变化，固定在自己的思维模式中不愿意挣脱。

不做教书匠

要做教育家，不做教书匠。

凡称之为“匠”者，僵化有余而灵性不足。教育家和教书匠最大的一个区别就是教育家坚持追求卓越和创新。很多家长总希望自己的孩子由那些年纪大一点的、富有经验的教师来管理。其实，这种想法往往是错误的，因为教育家不分年龄。

著名教育家朱永新说过：“一个教师不在于他教了多少年书，而在于他用心教了多少年书。有的人教过一年，却机械地重复了一辈子；有的人，实实在在地教上三、五年，始终在思索，在调整，在改进。这样的人，与一个教了一年却重复了一辈子的人，成就显然不同。”

教育家首先应该全身心地投入到爱学生、爱教育之中。只有爱才能赢得爱，若教师爱教育事业，教育事业也会爱这个教师，他才能获得事业上的乐趣。若教师爱学生，学生也会爱这个教师，才会让师生在交往中忘记生活的琐碎和烦恼。不少教师缺少爱心，不是教书育人，而是担任“教育警察”；不是肯定学生的成绩，而是只发现他们的缺点。可以毫不客气地说，很多老师所扮演的就是一个“刽子手”的角色。在这些老师的手下，不知道失去了多少诺贝尔奖获得者，也不知道失去多少鲁迅、郭沫若一样的作家，失去多少爱迪生、牛顿一样的科学家。教育的重要前提就是爱心。只有在爱的基础上，教师才会投入自己的全部力量，才会把青春、智慧无怨无悔地献给学生，献给教育事业，自己也才会成长为出色的教育家。有的教师口口声声地说着“为了学生好”，却做着伤害学生心灵、阻碍学生发展的事，这是虚假的“爱心”，自然另当别论。

可能有人会说：“做个‘教育家’？天方夜潭吧？我这么一个不起眼的普通老师，怎么会成为教育家呢？”其实，很多问题看起来非常难，但做起来并不一定很难。教师身处教育第一线，每天都发生着许多值得深思的案例。如果老师是个有心人，这些案例都会成为他的财富，并托举他逐渐到达一定的高度。如果有哪位老师不信这句话，可以从今天开始，写教育日记，认真总结教育的得与失。今天有一件事情，做得很好，是怎么做的？有什么体会？今天碰到了一个问题，是怎么解决的？今天遇到了一个挫折，又有什么样的感受？把这些原封不动地记录下来，几年以后再把那些最精彩的东西选编出来就会编成最精彩的书。那些“思想的火花”会对读者产生强烈的心灵震撼。很多成名的教育“大腕”，诸如魏书生、宁鸿彬、于漪、李镇西等，不都是这样做的吗？不过问题就出来了，这样做有一个前提，就是老师必须有持之以恒、坚持不懈的精神，而不是只有“三分钟热度”。我见过身边许多年轻教师，听过某位名家学者的讲座后，马上满腔热情地规划着自己的事业蓝图。但激动了一会，兴奋了一会，热情便消弭了。在平时工作中，虽然种种独到的体会也会冒上心头，但因为懒惰，没有付诸笔端，这些“思想的火花”就烟消云散了。作为中小学的教师，手头上应该有一个厚厚的本子，以随时记录下自己的所失和所得，记录下自己点点滴滴的教学体会，时间长了，就会发现自己在不断提升。

理想的教师，还是一个追求卓越、富有创新精神的教师，而不应该亦步亦趋、因循守旧，毫无灵性可言。他应该不断探索、不断创新，应该是一个教育上的有心人。一个人能够获得成功，在很大程度上是因为他是个有心人。如果年复一年、日复一日地重复自己，不思进取，不求变化，固定在自己的思维模式中不愿意挣脱，自然不会有什么成就可言。

勤于学习、充实自我，这也是成为一名优秀教师的基础。一个有理想的教师、一个想成为教育家的教师，必须从最基础的做起，扎扎实实地读一些书。如果一个老师不读《论语》、不读陶行知、不读杜威、不读苏霍姆林斯基，恐怕很难成为教育家，因为任何一个教育家都不可能不借鉴前人留下的教育经验。现在不少教师找不到感觉，找不着“北”，说得难听一点，在教育过程中像一只没头的苍蝇，没有思路，缺少想法，就是因为自己“根基”太浅。作为一个教师，需要各方面的知识，一个知识面不广的教师，很难真正给学生以人格上的感召力。学生年龄越小，对教师的期望就越高，就越是把教师当作百科全书。在他们眼里，教师是无所不知的，如果教师一问三不知，他们就会非常失望。所以教师应该完善自己的知识结构。过去说教师要有“一桶水”，现在又说教师应该有一个“永不枯竭的泉眼”，其实说得都是同一个意思，一个知识贫乏的人，永远不会在教育上有所作为。

每个教师都有可能成为教育家，关键在于是否对教育充满了热情，能否做一个有心人，是否执著，是否有恒心。也许老师一辈子都成不了教育家，但至少那应该是一个永恒的追求。

国际上有一种公认的企业法则，叫作“马特莱法则”（又称“80：20法则”。其中的一项主要内容是“80：20管理法则”，即企业将主要精力放在20%的业务骨干的管理上，抓企业发展的骨干力量，再以这20%的少数带动80%的多数，以提高企业效率）。我想，这一法则对教师应该有所启迪。

其实，这一法则对学校管理也是适用的。在一所学校，真正擅长搞教研活动的教师，也只是占教师总数的20%左右。很多学校的管理者，自觉不自觉地总是重点抓好这20%的教研骨干分子，支持他们，鼓励他们，通过促进他们深入开展教研活动，带动80%的教师投入到教研活动中来。因此，这20%的教师将获得更多展示自我、提升自我的机会，从而使自身的专业化发展迈入“快车道”。

力争摆脱“教书匠”的束缚，力争进入20%的教师行列，成为学校教研的“牵头人”，应该是每个教师的追求。

教师也要有“问题意识”

经过沸沸扬扬的新课程培训后，大多教师满口的新课程理念、新潮的专业术语，如“生成与预设”“自主学习”“对话”“回归生活”“课程开发”，等等，几乎人人耳熟能详。老师们也总能把自己的教育行为、教学设计与新课程理念联系起来，好像自己已在新课程充满希望的田野里茁壮成长。

果真如此吗？对照新课程理念细细审查，却发现远非如此乐观！走马观花、蜻蜓点水、虚晃一枪，这样几个词语，几乎可以描绘出新课程改革的真实状态，而这种状态，只能触及课程改革和个人成长的浅层问题。新课程理念在落实的过程，被搞成了一场运动，一种形式。罪魁祸首，就是教师缺少本我的层出不穷的成长问题，教师的个人隐性经验并没有得到增容与更新。可以说，如果没有“教师”这个具体教学行为执行者自身的“脱胎换骨”，久而久之，一切又将恢复往日的平静与平淡，回归熟识的路径与方式，不过是“穿新鞋走老路”，必然会导致所谓的“改革”走向失败。

教师“问题意识”的丢失原因何在？有人曾这样阐述：

一是不少教师目光短浅，如井底之蛙，只看见学校围墙四角的天空。生命空间逼仄、思想自然萎缩，势必窄化课程空间。教师若是色盲，就看不到课程问题的色彩，若是弱视，就看不清成长问题的主旨。二是应试教育成了“还乡团”，依旧在“游击”反攻。功利的挤压、机械的磨损、高成本低收益的消耗比拼，使教师麻木了，没有了思考问题的时间，没有了思想所必需的古典心情、从容心态、人文氛围。三是思想上有误区。对教科研和课程建设不重视，认为那是专业人士或课程专家的事，缺少主动探究的习惯与精神。四是缺少反思的习惯，喜欢走老路，照本宣科。不善于从经验反思中吸取教训，没有主动地和创造性地反思事业中诸如教育目的、课堂环境、职业能力等重要事情的倾向。20年的教学经验，只是一年工作的20次重复。因此，教育教学工作不可能有什么改进，个人也难以有长足的进步。五是过于自信，对个人隐性经验敝帚自珍。个人行动理论的惯性使得许多教师的思想也如同爱往瓶子里钻的章鱼，遇到困惑、迷茫的时候，就喜欢钻进习惯的瓶子里，自己禁锢着自己，成了自我的囚徒。企图用旧的思维、旧的范式来圈套新课程，以消融问题。

这段论述可谓一针见血。

西方哲学史上有这样一个著名的故事。有一天，罗素问大哲学家穆尔："谁是你最好的学生？"穆尔毫不犹豫地回答："维特根斯坦。""为什么？""因为，在我所有的学生当中，只有他一个人在听课时总是流露出迷茫的神情，老是有一大堆问题问我。"后来维特根斯坦的名气超过了罗素。有一次有人问维特根斯坦："罗素为什么落伍了？"他回答说："因为他没有问题了。"

解读这个经典的故事，我们可以获得这样的信息：个人的专业成长与他能够提出的专业问题密切相关，即专业问题产生的频率和质量是个人成长活力的重要表征。按照这一理念，我们就可以对年轻教师的成长问题进行诊断，从而找到教师个人快速成长的路径。冷静审思后，就会发现，在教师队伍中出现了一种可怕的"假性成长"的现象。经过大量的培训、学习，层出不穷的进修，教师似乎总在不断收获和进步。可一旦触碰到教学中最核心的一些问题，譬如，把握好工具性与人文性的统一了吗？掌握了接受性学习的合适比例了吗？具备了既提高学生的学科素养，又不增加学生的负担的教学策略了吗？对这些重大的课程问题，有多少老师能真正弄得清清楚楚、明明白白呢？所谓的"没问题"，其实是一种躲避，它会导致教师解决专业问题的机会流失。仔细分析不难发现，这种"假性成长"的罪魁祸首就是教师缺乏发现问题、生成问题和解决问题的意识。许多年轻教师成了"没有问题的、落伍的罗素"。

新课程改革突出了问题的价值和意义，问题越来越为课堂教学所关注，从而凸显了对问题意识的关注。这对开发学生潜能、提升学生自我生长力、增强其探究问题的意识，自然有着积极的意义。如果说"勤学好问"是评价优秀学生的标准之一，对教师而言何尝又不是呢？一个优秀的教师，总是能捕捉到教学中产生的问题，就像游客投进泉眼中的一枚枚硬币，一抛到水里，那些思想的小泡泡就会“咕嘟咕嘟”成串成串地往上冒，从而激活对教育的激情！

因此，教师要学会每天问一下自己：“今天，我有新问题吗？”

莫给教案当“奴隶”。

著名教育家叶澜教授对以教案为本位的传统课堂教学有一段极其深刻而又颇为生动的描述：

上课是执行教案的过程，教师的教和学生的学在课堂上最理想的进程是完成教案。教师期望的是学生按教案设想作出回答，教师的任务就是努力引导学生，直至得出预定答案。学生在课堂上实际扮演着配合教师完成教案的角色。于是，我们就见到这样的景象：课堂成了演出“教案剧”的“舞台”，教师是“主角”，学习好的学生是主要的“配角”，大多数学生只是不起眼的“群众演员”，很多情况下只是“观众”与“听众”。

对照课堂去看一看，叶澜教授所讲的情景大概并不乏见。特别是一些所谓的“公开课”“优质课”，更是将这种现象推到极致：为了取得更好的课堂效果，老师对教学过程不厌其烦地进行排演，而最终呈现出的课堂，俨然是一出煞费苦心而又拙劣蹩脚的“教案剧”！

可能会有老师对这个问题感到很迷惑。那么，教案是什么？教师备好课不就是为了按照教案来进行教学吗？难道这样的做法也有问题吗？简单地说，教案是一种教学的方案，从教学程序上来说，教案是教师备课时完成的，它只是一种预设的方案。而课堂是千变万化的，授课的内容与思路应时刻根据实际情况再进行调整，教师如果以为备了课，就把预想的课堂教学看作是计算机的输出规定程序，把上课当作是不折不扣地执行教案的过程，很容易让课堂陷入机械、沉闷、僵硬、程式化的泥潭，缺乏生气和乐趣、缺乏对智慧的挑战和对好奇心的刺激。这样的教学活动必然成为教师主导的独角戏，成为为了完成知识传授而全然不顾及学生情感态度、主体性和能动性的独角戏。

为了上好课，很多年轻老师总愿意找来名师的教学设计，依葫芦画瓢地去套用，但往往以失败告终。看起来是那么精彩的设计，可到了自己的课堂上却光彩全无、味同嚼蜡，为什么呢？恐怕不能不归因于“生成性”因素的使然。

诚然，课堂教学是有目标、有计划、有组织的活动，因而不能否定预设是教学的基本要求，但仅仅有预设是不够的，教学是“人—人”系统，因此，它必定又是一个生成的过程。教案不是一出已经定稿的剧本，而更像是一部不能画上句号的手稿，它一直处于自我修正、自我完善的动态发展之中，它是教师课前构思与实际教学之间的反复对话，是一次次实践之后的对比、反思和提升。因此，教师不能僵化地以为只要按照教案的内容“亦步亦趋”，就可以收到预想的效果。教学要以开放代替封闭，而开放的目的则是使教师的教学个性和教学风格、学生的生命力和创造力在课堂上得到充分发挥。这么说并不是提倡教师不写教案了、不备课了，而是要详略得当、考虑周密。教案的线条可以“粗”一些，要给实际教学留下一定的空间，最终在教学中完成，在教学后完善，绝不能将一节课变成完全预定的、僵死的“走教案”“演教案剧”。教案不能简化为教师的拐杖，一旦抛开，寸步难行。

跟老师们谈起这个话题，竟然有人将“罪责”加到了集体备课的头上：“学校要求集体备课，要求统一思路、统一教案，这还怎么注重课堂的生成？这不是完全把老师的个性抹杀了吗？”

其实，集体备课并不能扼杀教师的个性和思想，它不是为了统一教学模式和教学内容，而只是让教师明确教材的难点和重点，探讨较为有效的解决办法，发掘教材的闪光点，会对教师个体起到查漏补缺、启发思维的作用，让教师胸有成竹、游刃有余，在教学设计和组织中彰显个性和风格。集体备课时形成的统一教案，并不是完美的终极教案。教师必须对统一教案认真阅读、思考，结合自身风格和班级特点加以补充、改造，使之达到最佳境界，才能放到课堂上去实践。因此，说集体备课无法体现教师的个性，无法实现课堂生成，完全是“欲加之罪，何患无辞”！

作为有思想的教师，一定要时刻问自己：“我是否又将教案当成了僵化的剧本？教案是为我的教学服务，还是我成为教案的‘奴隶’？”

教学研究从反思开始

人的一生会有很多失误，但最大的失误就是不懂得反思。著名教育家叶澜说："一个教师写一辈子教案不一定成为名师，但如果一个教师写三年反思则有可能成为名师。"也有人说："优秀教师＝经验＋反思。"反思是教师成长和自我发展的基础。通过反思，教师可以自觉地探索教育教学过程，可以在学中教、教中思、思中改，同时，还可以及时发现自己的不足。对一个教师来说，其专业成长的历程就是不断反思自身教学实践的过程。经常反思可以让教师获得熟练的教学技能，从而获得专业教师所独有的专业智慧，这是教师自我提高的最佳途径，对以后的成长十分重要。

无数的实践证明，大凡在工作岗位上能够做出一些成绩的或者说是比较成功的教师，都是比较善于反思的。

需要注意的是，许多教学研究并不需要高、精、尖的仪器与设备，只需要一颗忠诚、敏感的心，只需要对那些发生在身边的并不引人注意，甚至司空见惯的教育现象，反复咀嚼、反复琢磨，从中悟出某些道理，从而给同行们提供相关经验，形成通识。由此可见，善于反思的人拥有一双敏锐的眼睛，他们善于发现和捕捉教育教学过程中的细节，画龙点睛，点石成金，寻觅到教育教学的真理；善于反思的人会总结经验，在提炼和升华的过程中，摸索教育教学的规律。

反思，从某种意义上讲，也是一种自我反省、自我进步。孔子说："见贤思齐焉，见不贤而内自省也。"意思是说，看到别人的优点，就要设法使自己也具有同样的优点；看到别人的缺点，就要反思自己，看自己是否也存在类似的缺点。反思是一种可贵的品质。譬如，面对当前的教育困境，教师不能将责任推到社会的头上，一味怪罪越来越复杂的社会风气、社会环境，怪罪家长缺乏教育能力，怪罪学生太容易受到不良因素的诱惑。要清楚，这是社会快速发展所带来的必然的问题，教师不能停留在埋怨上，而是要不断学习，不断总结，不断反思，调整和改变自己的教育教学策略，积极适应社会，而不是盲目地等待社会来适应自己的教育方式。

反思，可以让教师更辨证地看待自己和别人、今天和昨天：别人的不一定都是好的，昨天的也不一定都是坏的。反思是对过去的一种思考，教师可以从中汲取教训，也可以总结经验。只有经过反思以后的认识，才能真正变成自己的思想。

但遗憾的是，许多老师并没有意识到教学反思对自身成长的价值，缺乏对待反思的正确态度，不理解反思对课堂教学的提升作用，反倒把它当作一种负担，欲弃之而不能。虽然反思材料没少写，却缺少真实的思考，因而没有任何收获。

需知，反思是痛苦的。教学反思是一种批判性思维，它需要教师不断地对自己既定的教学思想和教学行为进行深入的剖析，条分缕析地发掘其积极因素和消极因素，从而对教学思想和教学行为加以调整。这需要教师有自我调整、自我改变的勇气和毅力。很多年轻教师因缺乏反思的主动性和自觉性，总是被学校领导“硬掐脖儿”似的强迫着写，结果虽然写是写了，却是胡编乱造，一味应付，达不到预定的效果。这是因为教师并没有认识到反思对自己个人成长的意义，只把反思当作一种迫不得已的任务来完成的必然结果。

反思的一个根本前提就是教师要有鲜明的问题意识，能从平常的教学现象中捕捉到可以反思的对象。这就要求教师要善于抓住教学过程中转瞬即逝的问题，将其搜索和提炼出来，进行深刻的思考。例如，在教学目标方面，教师可以反思教学目标是否完成，如果没有完成，原因是什么，是因为目标的设置不够合理，还是因为实施目标的过程和环节不够恰当；在教学方法方面，教师可以反思什么样的方法比较适合本节课的教学内容，学生对于讨论、小组学习是否适应，在选择不同的教法时，应该注意哪些问题，等等。有问题才会有思考和分析。建立在问题基础上的“反思”才真正具备反思的特质。

反思不是就事论事，它往往是从某个教学现象或教学事件出发，将思考引申开来，或联系以往的教学经历，或联系他人的教学经验，或与当下的教育教学实际相对照，从一个更高的层面上去思考教学问题。这样的反思有助于教师对教育教学问题产生深刻而富有个性的见解，这是那些“为赋新词强说愁”式、应景式的、作秀式的教学反思所无法比拟的。

要找准教研的重点

教师研究的重点应该是“归纳”和“提炼”教学经验。

任何一个在讲台上度过了几年、十几年，甚至是几十年的教师，都会在与教材对话、与学生对话的过程中，形成具有自身个性特色的经验。这些经验对于解决教学的实际问题，常常具有“化腐朽为神奇”的力量。

但是，大多数老师在教了一辈子书之后，随着退休生活的开始，他们所积攒下来的那些宝贵的经验也就自然消亡了。而新教师又开始了一个新的“摸索—尝试—再摸索—再尝试”的过程。而在经验的传承上，由于缺乏必要的手段，出现了严重的缺口，造成了教育资源白白地流失掉了。

因此，教师研究的重点应该是“归纳”和“提炼”这些宝贵的教学经验。在教学实践中，随着教学问题的诞生，教师的思考、尝试、所经历的失败或成功也会随之而来。当这些体验逐渐丰富的时候，就变成了经验。教研就是为教师搭建了这样一个将“经验”从繁杂的教学活动中“拎”出来的平台。无论是教师的教育叙事、教学反思，还是公开课，都是以一种描述的方式将教学案例展示在众人面前，并通过“教研”的形式，将案例所蕴含的富有指导意义的教育教学规律挖掘出来，再回到教学实践，发挥其指导意义。

在这方面，无数的优秀教师为我们树立了榜样：

窦桂梅，语文特级教师。从1994年开始搞“语文教学民族化与现代化研究”，先后出版《为生命奠基》《和教师一起成长》《窦桂梅阅读教学精品录》《爱与爱的交流——窦桂梅学生作文选》等专著，发表文章近百篇。

黄玉峰，语文特级教师。一贯强调个性化教学，强调“爱的教育”；竭力主张并亲自实践“大语文”教学观，在社会上有一定的影响，也取得了令人瞩目的成效。因其特立独行的个性，在语文界被誉为“语文教学独行侠”“中国语文教学的叛徒”。

欧阳代娜，中学特级教师。早在20世纪60年代初，欧阳代娜就开始了语文教学改革的探索，在培养学生“喜读乐写，以写率读”方面，积累了丰富的经验。1979年，她把语文教学改革从狭小的天地中解放出来，置于“为了国家和民族的未来”的广阔背景下，大胆地开始了语文整体改革实验，取得了很大的成效。

于永正，教育部“跨世纪园丁工程”向全国推出的第一位名师。他以语文教学改革为突破口，把如何启迪学生的智慧、挖掘学生潜能、激发学生的创造天赋作为主要的研究课题，形成了“以学生为本，以读书为本，以创新为本”“重感悟、重积累、重迁移、重情趣、重习惯”的教学特色，在全国有较大的影响。

张思中，外语特级教师。40年来坚持外语教学改革，创造出“张思中教学法”，即“适当集中、反复循环、阅读原著、因材施教”16字教学法和“心理优势论”。其教改成果为国家教委和各级领导所关注和重视。目前，“张法”已在全国广大地区推广。

华应龙，首批“首都基础教育名家”，20多年来，他致力于探索人文化的小学数学教学模式，“尊重、沟通、宽容、欣赏”使他的课堂教学充满了时代气息，洋溢着浓浓的师生情谊；新课程的春风吹绿了他的课堂，“古为今用”“洋为中用”“做中学”“玩中学”，清新流动的生命力让学生爱上他的“疯狂数学”。

……

这些名师都来自于教学第一线，他们在长期的实践摸索中不断归纳、提炼和升华自己的教学经验，终于成为教育“大家”。

当然，作为普通的教师，教研的目的不是为了“成名成家”，其所开展的教研不必强调上升到纯教育理论的层面，那是专业的研究人员的事。只要属于个人的经验通过某些活动，起到对其他教师产生启示或引导的作用，教研的目的也就实现了。

强调“对症下药”，而非“对牛弹琴”

研究是为了教学而服务的。教师要根据课程改革的目标，结合学校和个人的实际情况，选择和确立研究的方向和领域。结合日常教学活动，围绕某一典型案例或教学细节，用新课程的理念和观点进行剖析，这样，教研就不再是简单的备课，而是研究“问题”。这个“问题”的研究的最大价值就在于解决了教师在教育实践中面临的困难。

但是，很多老师却犯了“对牛弹琴”的毛病——所要研究的问题并不符合自己的实际，因为离工作太远，因而没兴趣、没动力，却还要硬着头皮做下去，把研究当成了一种沉重的心理负担，始终抱着应付差事的态度来做，这样怎么能取得预期的效果呢？当然，问题的根源往往在于管理者。我曾见到过某所学校的校长信誓旦旦地说要进行教学改革。但没有经过深思熟虑和科学的考证，也没有征求老师和学生的意见，去了一趟山东杜郎口中学，就死搬硬套地将杜郎口中学的开放课堂模式引入学校，以为这样就能迅速提升学生成绩。面对老师们的不理解、不配合，该校长一意孤行，强硬命令师生按照“杜郎口模式”安排教室的课桌和黑板。结果，由于班级容量过大，老师缺乏对杜郎口教学实质的认识，学生缺乏两种上课方式转化的过渡时间等问题，实验很快便失败了，教学秩序一团糟，教师和学生怨声载道，结果，教改实验不了了之。显然，这个研究问题的选择就犯了“对牛弹琴”的毛病。

学校内部开展研究，目的在于修炼内功，在于从最大程度上消除教育与教学的矛盾，从而实现教育教学行为的优化。之所以有的领导或老师会不“对症下药”，往往是因为他们把教研问题无端升格，把本应该静下心来琢磨的事儿，却只是做样子给人看，以求向上级邀功或赢得虚无的口碑。由于研究的定位出现了问题，很多教师便不顾实际地进行“研究”，而且想一“研”即成，一“研”即出成效，或者跟随“潮流而动”，外界正流行哪些教育经验，便迅速效仿。只要挣回了“荣誉”、获得了“表扬”，这就足矣，早把当初的教研内容抛之脑后，不闻不问了。这样的做法显然是违背教育规律的，最终受害的还是教育本身和投身其中的教师。

浙江义乌江滨小学吴庆红老师写了这样一段文字：

我发现在当前的作文教学中存在以下现象：第一，将无作有，编造事实。写作文时，有近60%的学生编造过父母或亲属伤亡、捡到贵重物品等事件，将不是自己亲身经历的事，堂而皇之地冠以第一人称来描述；不是自己亲眼看到的景物，却大大方方地收入自己的视野；自己生活中根本不存在的人，却无中生有地成为自己的好友。第二，为作而作，虚情假意。据了解，有近65%的学生厌恶上作文课，怕搞活动，怕过假期。其原因就在于一课、一动、一度假后学生都要交作文。学生游玩时被习作纠缠，难以放开心怀，加之又缺乏真实感受，只得套写几句；有的学生认为作文是写给老师、家长和同学看的，不便写真话，因而，造成了情感的波澜和起伏，在作文中说空话、说假话。第三，为考而作，急功近利。大部分学生接到作文任务后的第一个念头就是怎样尽快地写完整、写得长些、写得整洁些，重视练就一套应试功夫，也就轻视了文章的内在质量。第四，对学生作文的期望值过高。老师常常要求学生当堂完成作文，强调文学创作技法、字数等，导致一些学生对作文课望而却步。造成这些现象的原因何在？

我觉得，主要在于当前的作文教学忽视了“以人为本”的教学理念。学生习作应以其内含的纯真、童趣和鲜活为“本”。“本”是习作的价值取向，与那些装腔作势、矫揉造作的作文截然不同。然而，相当一部分学生的习作正缺少这种“本”汁“本”味……

针对学生缺“本”的现状，作文教学应当何去何从？

我觉得，应该让作文教学回归本体，教师在指导作文时应该做到放文、放情、放形。

从这段话可以看出，吴老师在教学实践中深刻地意识到作文教学存在着的问题，并且这些问题来自于师生对作文的不同理解和认识，反映了不同的教育理念，于是对这些问题进行了汇总与梳理。在对这些问题作系统整理的过程中，研究的问题也就逐渐浮出水面了。如此呈现出的研究问题，自然与教学实践紧密结合，因为接了地气而有了价值！

脚踏实地、不好高骛远，永远是做好教学研究的基本原则。

说课要避免纸上谈兵

为了更准确地了解授课教师的备课思想，在开展听评课的过程中，学校常常会要求讲课教师对教材、教法、学法、教学目标、教学过程等因素加以简要阐述，谓之为“说课”。说课本是与讲课紧密联系的，但时下却流行起“说课”比赛：参赛者不用进入真正的课堂，只围绕对一节课的设想进行纯口头的演讲，以期展示教师先进的教育理念和高超的教学设计能力。

这与“纸上谈兵”的故事何其相似？

赵国名将赵奢的儿子赵括在年轻的时候，就读过不少兵书，常常在人们面前谈论作战用兵的事情，即使父亲赵奢也难不住他。很多人认为赵括很有才能，但是，他父亲却认为他只是夸夸其谈，不能承担重任。有一次，秦国进攻赵国。赵国大将廉颇采用了修筑壁垒坚守的方法对抗秦兵，后来，赵王听信了秦国散布的流言，以为廉颇年老懦弱，不能抵挡敌军，就改派赵括代替廉颇。赵括到了前线，死搬兵书上的教条，完全改变了廉颇持久抗战的计划。秦将白起听到这个消息后，非常高兴，使用计先截断了赵军的运粮后路，然后把赵军团团包围。赵军粮绝，赵括企图突围，却被秦军一箭射死，40多万赵军尽被歼灭。

赵括只会夸夸其谈，一旦上了战场，只有一败涂地的份儿。那么，说课教师面对评委时，讲得“眉飞色舞”，可一旦真正走上讲台，又会如何呢？

说课，本来是评课中的一个环节，通过执教者的介绍，其他人对执教者的教学实施情况与学生的学习情况可以进行全面、公正的把握和评价，从而达到共同提高的目的。这种说课无论对执教者还是听课者都有好处，不失为教学研讨的一种好形式。但说课一旦从上课中剥离出来，成为一种独立的教研形式，就值得商榷了。

“说课”现在大多是以比赛的形式出现的。既然是比赛，就要追求名次，这无可厚非。但由于说课比赛时并不需要学生的参与，所以那些老师们在平时上课中难以达成的目标可以在说课时达到，难以实施的环节可以在说课时实施，难以回答的问题可以在说课时提出，难以组织的活动可以在说课时安排。反正没有学生参与，也就无法检验效果如何，说得过一点也没关系，只需体现说课者先进的教学理念、新颖的教学安排、独到的教学设计就万事大吉了。说课不需要进行课堂教学进程的调控，也不需要实现师生互动的教学机智，教师可以单凭“三寸不烂之舌”在“伯乐”面前将理论与实践进行“穿鞋戴帽”。更有甚者请来高手“捉刀”，撰写出“剧本”，反复背诵也能取得好结果。虚假的教育科研活动很容易败坏教育科研求真的精神。教育部门也要搞“说课”，原因在于这种教育科研活动的组织形式既时髦也省事。在这种情况下，“说课”比赛便被异化为作秀的舞台。如果谁想将这种近乎完美的东西拿到自己的教学中去实施，肯定会碰钉子。其实，教学最讲究一个“实”字，来不得半点花架子，如果这种理想化的甚至是作秀的东西只在比赛时得到肯定，这种比赛还是不搞或少搞得好。

说课本应是一种教学研究活动。教学研究不仅要研究教师的教，更要研究学生的学。可说课比赛却把课堂的主人——学生抛在一边，关起门来搞起了教学研究，这就更是纸上谈兵了。虽然说课者说课时会有关于学情的分析，可那仅仅是一种分析而已，完全无法和千变万化的教学实际情况相比。在实际教学中，教师必须根据学生学习的情况随时调整教学安排与设计，以保证教学顺利进行。新课程提倡教师教学前应有“预设”，教学中应注意“生成”，就是这个道理。因此，教学中也最讲究一个“活”字。然而，说课比赛对这种“预设”和“生成”进行机械的理解，完全忽视了课堂中的不确定因素，显然是对课堂教学的一种僵化的理解。

在教学实践中的教学研究才有生命力。在说课比赛时，即便说课者说得再好，可毕竟只是纸上的东西，没有经过实践的检验，也就丧失了应有的价值。这样的活动搞多了，对教学来说，弊大于利。对教师而言，最重要的专业素养应该是“实践智慧”，“说课”不过是提升教师“实践智慧”的一个手段，考查与评定老师时更应关注他们的“实践智慧”。“纸上谈兵”式的老师不见得就是优秀的老师，“纸上谈兵”式的说课教研活动要适可而止，提升教师“实践智慧”的教育科研活动才是他们真正需要的。

对“说课”要进行具体、实际的分析。它作为一种形式，与教学教研确实有一定的互补作用。如果将说课和备课、上课等活动结合起来，就可以更好地发挥其效能而弥补其不足，同时也可以全面地考量一个教师的实际教学能力。所以，要警惕“说课”在教学研究中的形式主义与功利化倾向，千万莫让“说课”因为过分强调“纸上谈兵”而成为当前课程改革中的一场时髦“秀”。

公开课要立足于提供研究的样本

公开课一直饱受争议，原因就在于公开课中掺杂了越来越多的虚假成分。有人将公开课比喻为“表演课”，而课堂成了教师的“T 型台”。在这里，老师们精打细算地利用有限的时间，想方设法尽显风采。公开课热闹非凡，越来越好看，学生是“热火朝天”，而老师是“热血沸腾”。公开课形式多样，内容繁杂，活动频繁，对话流畅，甚至有的老师不惜作假来打造一场华丽的演出，这与常态课有天壤之别。似乎讲课是为了“给听课教师讲”“给听课教师看”，学生不再是公开课受益的对象，而纯粹变成包装讲课教师的“道具”。

是不是公开课就没有价值呢？实际上，任何事情都有两面。一方面，公开课有严重做秀的成分在里面，公开课的做秀坏了教师的名声、坏了正常的教学秩序、搅乱了教学行为，而另一方面，不可否认的是，公开课在加强教学研究、促进教师专业成长方面仍然起着不可低估的作用。北京师范大学教授肖川在《公开课与常规课》一文中指出：“不能因此否认公开课的价值。公开课可以起到示范、观摩，为教师培训提供鲜活的教学案例，发现和培养教学新秀、展示教学探索的成果，为上公开课的教师的自我反思提供借鉴和契机等作用。”

可见，公开课最大的价值在于为教学研究提供鲜活的样本。

公开课的关键在于“公开”二字，公开的目的就是供大家研讨和分析。那么，一位老师讲一节公开课，他公开的是什么呢？从表面看，无非是具体的教学内容及呈现内容的过程和方式。许多公开课后的评课都会紧紧围绕这些内容进行。如果仅限于此，公开课的价值就会大打折扣。上公开课也好，评公开课也好，虽然老师面对的都是一堂课，但着眼点应该是一个比课更大的教学单位，那就是从一节课的具体教学内容安排及呈现内容的过程和方法中，找到其蕴含的设计思想，并对这种思想加以评价。评课，不是对这堂课得出一个好或不好的结论，而是评价这堂课的设计思想好或不好，以及寻找到具体的修正方案。这才是开展公开课的真正价值。如果就这堂课上这堂课、看这堂课，注意到的就可能只是局限在课堂的组织形式、教学的手段及步骤等这些操作层面上的东西，却没有找到其本质上的价值，即这些操作方法所要达到的目的。

这就给公开课教师以下启示：评公开课时，主要是评它的设计思想及设计思想的具体运作；这种运作的主体实际上是学生而不是老师，所以说公开课主要是看学生在干什么，而不是看老师在干什么，或者说是通过看学生在干什么而看到老师在干什么；评课的重点不在上课的人而在课本身。虽然听课是考察一个教师教育教学能力和基本素质的重要形式，但评课不是评人。

利用好公开课这个“样本”，对课堂教学的相关问题进行深入探索，是开展教研活动的一种重要形式。既然是“样本”，关键就在于体现一定的教学思想，能为研讨提供相应的话题。这个样本未必追求尽善尽美，即使是一节并不成功的课也没有关系。能由一节课而引发对教学问题的深入思考，公开课也就实现了其应有的价值。贺克春在《公开课应拒绝“完美”》一文中曾对这个问题进行过具体的阐述：

公开课不拒绝漂亮，但不刻意追求漂亮；公开课应该拒绝“完美”，拒绝“作秀”。“完美”“作秀”的课总是掩藏不住其作假的成分，因为一堂真正意义上的公开课永远会有遗憾。那种经过反复操练近乎完美的公开课，于学生有何帮助？于听课者有何启示？于自己又有何裨益？我们应该拒绝那种“完美”！与此同时，评价者也不应对授课者求全责备，用一把把面面俱到的固定尺子去衡量他。所以，使公开课“常态化”，还其教学研究的本来面目，应该成为大家的共识。

可见，要特别注重对公开课价值的利用，不能粗暴地将公开课当作无用的“垃圾”扫地出门，要克服公开课的竞赛功用，强调其研究性能，突出其“常态化”的开设方式，真正还给其引领、示范、借鉴之功效，借以挖掘教育的本质规律，为教学实践服务。

别做听课的“摄像机”

对于青年教师来说，听课是其必不可少的教学工作。听课既是教研的需要，也是教师专业成长的需要。通过听课，教师之间可以进行业务交流、切磋、互动；听不同科目的课，可以进行跨学科交流，从而促进优势互补。听课往往还与评课紧密地联系在一起，共同组成教研活动的有机部分。但听课听什么？如何高效地听课？仍然是困扰许多青年教师的问题。

乱象一：三心二意。执教教师在讲台上“激情飞扬”，而有的听课教师在台下“开小组会”。还有的老师“一心多用”，时而听课“速记”，时而“耕种自留地”——或改作业，或写教案，有的甚至在中途就溜之大吉。

乱象二：只做看客与听众。有的教师做听课笔记时，只记一些大的教学环节，大多时候只当一名“忠实的看客与听众”，而没有进行更多的思考。

乱象三：功利色彩浓厚。学校一般都规定教师每学期的听课数，量化、评优、晋职等都与此挂钩。毋庸讳言，平时老师去听课是被动的，听课只是为了完成学校规定的任务。抱着这种功利的心态去听课，听课的效果肯定会大打折扣。

听课是一项脑力劳动，有上述行为的教师很难在听课中有所收获。要想提高听课的效果，就要把握好“听课—看课—思课”三个环节。

听：教师授课时的起、合、转、承、导是否流畅，自然，贴切；学生的思维在教师的引导下是否灵活，外显在学生的言语表达上是否清新、富有创意等。

看：教学流程的设计、推进是否合理，层次是否明晰；教师的角色是否自觉转变了；“教”是否自觉主动地向“学”转移；教师是否心中有学生；教师是否关注“弱势群体”；学生的学习情绪是否高涨；学生的参与面、思维度是否“看得见，摸得着”；教师是否善于捕捉课堂生成点，把生成点演绎成课的“亮点”；教师是否在演“教案剧”等。

思：教师的教材处理是否得当；重点、难点的把握是否准确；教师是否关注学生的“三维”目标的达成；在师生的交往、互动中，是否有值得商榷的地方；某一环节的教学若由你来执教，是否有更好、更妙的处理方案。

听课教师不是“摄像机”，不可能也没必要对整个教学活动过程事无巨细地“实况记录”。听课教师应讲究听课技巧：在课堂上出现的一些精彩的教学片段就需要一丝不苟地用笔“录像”；课堂中出现的一些“败笔”或感觉不太对“胃口”的地方，应详细记录，并及时把思考写下来，以免“夜长梦多”；在课堂上出现令人兴奋、激动的环节，也应摘录。课堂毕竟是活的，听课教师不可能像专业速记那样，将字字句句均记入听课笔记。教师记笔记除了要应对学校的检查外，更重要的是为自己的教育思考积累素材。因此，听课教师应学会“去粗存精”，摘要而录，有了感受、触动，立刻用简洁的语言予以批注，待课后抽空再制成听课卡片，便于以后检索之用。

听课的效率高低，一方面取决于听课教师听课的目的是否明确，另一方面则取决于听课教师是否会思考。那听课老师要思考什么呢？第一，要思考这节课的优点，用放大镜去发现课堂上老师和学生的闪光点。第二，要思考这位老师的教学为什么会出现问题和不足，想一想如何修正。第三，要想一想，这位教师出现的问题是共性问题，还是个性问题。在什么范围内出现的问题，就在什么范围内解决。第四，要拿这位教师的教学与自己比一比，看看自己有哪些长处、有哪些不足。所谓“见贤思齐”“以人为鉴”说的就是这个道理。那种只用耳朵去听，却不用心去思考的听课，不仅对提升教师的教学能力没有帮助，也是对听课者最大的不尊重。

要勇于占据展示自我的平台

为促进学校的教学工作、提升教师队伍的专业化水平，在加强教学研究活动的基础上，学校的行政部门越来越重视为教师搭建展示教研成果的平台。那么，作为教师，要勇于抓住这个机会，向同行展示自己的实力，为自己的提升而努力。然而，在现实中，一些老师却在这样的机会面前“扭捏作态”，甚至需要领导“良言相劝”才肯参加展示活动。似乎这不是为自己创造机会，而是为学校完成任务，大有本末倒置之嫌。

不想当将军的士兵不是好士兵。同样，不想当名师、不想成为教育家的教师也不是好教师。

没有任何一个人甘愿平庸，其实每个人心中都有在自己从事的行业中得到认可的梦想。这是人与生俱来的心理需求。但在庞大的教师队伍中，总有相当一部分人庸庸碌碌，做一天和尚撞一天钟，得过且过，不思进取，不求上进，能简单就简单，能应付就应付，只要把事情对付过去就好。什么学生素质的培养、自我能力的提高，根本不必去想，越轻松，越自在，就越好。显然，这样的教师只能落个“教师”的名号，并不具备“教师”的实质，更别说是优秀教师了。

问之，则曰：“我这是淡泊名利，不愿意‘木秀于林’，还是把机会留给别人吧！”

好一个淡泊名利！这样的一个教师能培养出什么样的学生呢？

一个优秀的教师，总是能抓住一切机会来展示自己的思考和行动的成果，扩大自己的影响力，不仅影响学生，也要影响周围的同事，使自己成为大家追随与学习的榜样。做默默耕耘的“老黄牛”自然值得称道，但做能带领同伴走向水草丰茂的“领头羊”更值得推崇。

教师要善于利用各种场合表达自己的思想。一个人能在多大的场合发表言论，就能证明这个人的影响力有多大。教育行业最不提倡“茶壶里煮饺子——肚子里有却说不出来”。一个有作为的教师，要善于利用一切机会，如家长会、教研活动、年终总结等场合，表述自己的教育理想，被人了解，被人接受，并对他人产生影响。

写作也是证明教师爱思考的重要方式。教师要善于把自己的思想写出来，外化成文字，让人能看得见、摸得着。其实，教师和学生相处一段时间以后，总有那么几起感人的故事，总有那么几个教学实践上的精彩点子，但大都遗憾地被“湮没”了。如果教师能够勤奋一点，拿起笔，随时把思想的“火花”记录下来，这既是对自己的肯定，也是努力使自己的劳动成果不被湮没的好方法。写作的幸福感将使教师更加热爱思考，一个热爱思考的教师，注定是一个不断向着大师靠拢的人。可惜，现实却不容乐观，许多教师最不愿意做的事情就是动笔，甚至写个“计划”、写个“总结”，都“难于上青天”，最后，只是敷衍了事，要不从网上直接拷贝，要不就是抄袭他人作品，这样的行为与“教师”这个身份真是相去甚远。

此外，教师还要积极参加各级各类的教研活动。师资培训、讲课比赛、演讲比赛、论文评选、教具设计等活动，教师要尽可能参加。辛苦一点不算什么，因为过一段时间你就会发现，自己在各种活动中所收获的显性和隐性的成果，远比当初的付出要丰富得多。

“欲穷千里目，更上一层楼。”当你真的占据了一个更高层次的展示平台，也许你就会发现以前从未见过的美丽的教育风光。

要善于提炼教研成果

相对而言，教师群体普遍具有不善表达的特性，总是沉默着工作。人们常常用任劳任怨、埋头苦干、不言不语等词语修饰优秀的教育工作者。其实，就教师这个职业而言，由于占据着自己特有的课堂，实施教学行为具有自主性的特点，就不可避免地产生了与众不同的体验。这种体验，经过教师自身的思考，就可能成为别具一格的、富有普适意义的教学“真理”。如果这一切只存在于教师的意念和自身的行为之中，并随着退休而消亡，不能对他人的相似行为产生借鉴作用，显然无异于浪费。因此，对教师而言，如果渴望能以自己的思想对他人产生影响，就必须学会“立言”，要主动地把自己的故事、自己的思考讲给他人听，这样，才能创造属于自己的生活世界。

从宽泛的意义上讲，教师能够把自己的经历和体会说出来、写出来，就意味着收获了教研成果。很多人之所以不敢谈教研成果，就是因为他们把教研成果想象成了高高在上、高不可攀的东西。其实，教研成果不仅仅包括专著、科研课题结题报告、长篇大论的科研论文，还包括教育日志、教育叙事、教学案例、教学反思等，这些东西篇幅短小，理论性不强，外在形态生动活泼、灵活自由，是教师完全可以信手拈来的东西，想想：这又有什么可畏惧的呢？

优秀的教师总是善于总结的，他们在记录纷繁复杂的教学经历中，不断思考和提升。相反，一些教师，一提到要写教学总结、教学反思，就头疼得要命，拼命胡编乱造、敷衍了事。平时教学中遇到的那些鲜活的例子却了无踪影，平时教研中接触的新鲜观点去向不明。如此一来，教师便长期沦陷在枯燥和繁杂中，被职业倦怠擒获，创造力消失殆尽。

这是一件很可悲的事情。

拿起笔来，随时记录点滴的感受，总结成功的经验和失败的教训，聚沙成塔，集腋成裘，收获的不仅仅是教育的智慧，更是生命的光泽。

在日常交流中、在片刻的感悟中，都有知识、经验和学问，关键就在于教师是不是一个积累知识的有心人。如果教师把这些点滴的事情加以记录，并利用闲暇时间加以整理，那么就有可能创作出一篇佳作。这也就解决了教师写不出文章、不得不去剽窃的问题。一位青年教师这样谈到关于总结经验的话题：

我常常从学校的例会记录中、班级晨会的发言中、办公室闲聊中、班级日记的摘录中，获得启迪，并加以整理。时间长了，也就有了更多我自己的东西。这也许就是人们常说的“做生活的有心人”吧。

我想，学校开展教研活动，给我们搭建了一个相互交流学习的平台。知识在这里发酵，智慧在这里酝酿，灵感在这里展现。如果我们在会上加以记录，并在会后有所选择地加以整理。那么，感性认识就得以升华，成为理性的东西——而不仅仅是“我们说说而已”。

我想，如果我们想当一个生活的有心人，如果我们想当一个好教师，如果我们想在三尺讲台上有点成绩，如果想要一点自己写出来的东西，那么我建议老师们拿出草纸，记下你我的发言和闲谈，记录你我的启迪和灵感（哪怕是只言片语）；然后花上一点时间（哪怕是一节课、一上午的时间），加以整理。不论成熟与否，那绝对是我们自己的东西（这就是我们自信心的源泉）。如果再把我们的东西加以交流，经过别人的批判，那么我们就能够获得长足的进步和质的飞跃。

这位青年教师为很多老师做出了表率，作为年轻人，在日常的学习和工作中，多学一点东西、多记录一点东西、多整理一点东西、多交流一些东西，肯定会大有裨益。

这不需要学校安排，不需要外在动力，一旦教师行动起来之后，就会发现自己工作和人生的乐趣。

当然，教研成果总结出来之后，还要想方设法进行推广，这样它的价值才能得到真正的体现。有些老师崇尚“沉默是金”，即使有了很好的想法和做法，甚至已经将其提炼出来写成了文章，也不愿意拿出来与大家共享，生怕不会被领导和同事认可。其实，教学研究本身就是一种摸索，只有在交流、碰撞中，真理才会逐渐凸显。因此，要学会借助各种机会，如经验交流会、教师论坛、校报杂志等，充分发表自己的见解，哪怕这些见解并不是十分成熟也没有关系，如此，教师自身的业务素质才会获得突飞猛进的提高。

你会写“教学后记”吗

最近查阅某位教师的教案，发现了一些问题，就此谈谈“教学后记”这个小栏目。

学校经常鼓励老师们撰写教学后记，有的学校在教案设计中专门设置了“教学后记”一栏，要求老师在课后进行必要的反思和总结。但是，很多老师常常以工作琐碎、繁忙为借口，视之为一种任务和负担，即使完成了，也是未经过认真思考就“信笔涂鸦”，起不到“教学后记”应有的作用。实际上，每进行一个教学行为，教师多多少少都会有一些感想与体会，有的甚至是影响教学水平突进的顿悟和灵感。如果每个教师把每天所感所思以文字的形式记录下来，这会是多么巨大的教育财富！

“教学后记”不是教师备课时预先对教学设计和学习状况的“理想”设定，而是通过对教学“实况”的回顾与反思，及时生成的小结性文本。因此，教学后记通常是写在“课后”而不是“课前”。“教学后记”未必涵盖整个教学设计和教学过程，而是对某个教学步骤、教法技巧、教学灵感、课堂反应甚至个别学生学习表现的点滴描述和反思。

教师撰写“教学后记”时要注意四点：一是趁热打铁。在课堂上发生的一些情况，在教学过程中产生的一些灵感，会随着时间的推移而被淡忘。因此，教师写“教学后记”要及时，如果时过境迁之后再去“追忆”，效果就大打折扣了。二是删繁就简。教学后记不是言之无物的长篇大论，也不是肤浅琐碎的流水账，而是教师透过课堂上的某一环节的表象，如课堂的导入、讲课中的语言、操作要领的叙述、对学生的指导等，找出其中的内在规律，进行初步的归纳和取舍，将成功与失败之处扼要记录下来，因此要做到言简意赅，力求精辟。三是突出重点。不能眉毛胡子一把抓，处处都写则等于处处不写。教师写“教学后记”也要讲究目标明确，重点突出，对自己渴望进行的教学尝试和探索，做到重点记录，使其成为再实践的第一手材料。四是抽其要义。对日积月累下来的大量“教学后记”，教师要进行归纳、总结、概括，从中吸取经验教训，以便摸索教学规律，不断提高教学质量。

撰写教学后记对提高教师教学艺术的作用是显而易见的，但在日常教学工作中，不少教师感到教学后记无内容可写，往往流于形式，敷衍了事。关于教学后记的内容，论述非常多，但归纳起来，包括以下内容：

（1）记教材的挖掘情况。通过教学，检查一下自己对教材的理解程度，是否摸清了教材编纂的意图；是否透彻地了解了教材的知识结构；是否准确地把握了教材的重难点；是否分清了教材内容层次。

（2）记教学目标的完成情况。通过教学后记，检查是否把教学目标贯穿于课堂教学的始终；目标制订得是否合理；复习、讲解、练习是否围绕教学目标进行的；目标达成度如何。

（3）记课堂结构是否合理。复习、导入、自学、讲解、练习等几大部分的设计和时间安排得是否合理；是否以学生认识事物的心理结构为依据，并能发现问题，及时调整；教师活动与学生活动所占比例是否恰当。

（4）记教学方法是否灵活多样。是否采取多种方法激发学生的学习兴趣；采取的教学策略是否受到学生欢迎；是否使学生轻松完成学习任务；是否使不同基础的学生都能获得发展。

（5）记学法的指导情况。是否注重教会学生学习；是否指导他们如何认识新旧知识之间的内在联系，克服思维定式；是否指导学生找准新旧知识之间的衔接点和发展点，创造良好的学习方法；是否着力培养了学生举一反三的能力。

（6）记因材施教的情况。是否考虑到学生的实际情况进行教学；是否承认并尊重学生的差异；是否打破了“整齐划一”的教学思路；在教学策略的选择上是否注意分层教学，使不同程度的学生都得以发展。

（7）记学生在课堂上的状态。学生是否表现出积极的态度、旺盛的精力、饱满的热情；是否积极参与课堂活动；是否乐于合作、乐于表达；是否有独创性的观点产生。

（8）记重难点是否突出。看教学过程中，重难点所处的地位和所占据的学习时间是否合理；难点的突破是否具有细致的、可操作的设计方案。

（9）记教师主导作用和学生主体作用的发挥情况。在教学中，教师是否发挥自己的才能，运用各种手段、方法，充分地调动起学生学习的积极性、创造性和主动性，启发引导，配合默契，使教与学的双边活动顺利地开展。

（10）记教学问题的设计。课堂教学问题的设计是否调动学生的学习兴趣；所设计的问题是否将新旧知识衔接起来；是否围绕教学内容的重难点；是否符合学生的学情；题量是否适中。

（11）记作业的设计。设计的练习、作业是否针对教学的重点和学生学习中可能出现的薄弱环节；是否具有一定的梯度；是否做到了由浅入深，由易到难。

（12）记在课堂上的成功与失误。是否具有充满吸引力的课堂导入、有趣的对话、典型的案例、逼真的演示、巧妙的设问、幽默的讲解、成功的临场发挥、独到而有特色的小实验、传神的体态、奇妙的方法、有益的启示以及精彩的教学设计和授课片断、恰如其分的多媒体应用等；是否出现表达含混、处理欠妥、方法陈旧、演示失败、指导不力、知识性的错误以及教案与实际脱节等这些提前没有预料到的课堂失误。

（13）记课堂的随机应变能力。在教学过程中，是否有突发事件发生；是否采取了机智灵活的应对方法；处理得是否恰当；是否为今后类似事件的处理提供了借鉴。

教师若要成长，就必须反思自己的教学。写教学后记是促进教师反思的有效方式。“问渠那得清如许，为有源头活水来。”只要教师善于发现，勤于动笔，相信课堂上的“活水”会源源不断地涌来。

不能做“墙头草”

教育中的跟风现象并不少见。素质教育来了，大家都在说素质教育，都在搞素质教育，弄得是轰轰烈烈；创新教育时髦了，大家都在提创新思维，都在展示创新成果，弄得是红红火火。于是，在大形势的影响下，教师也被“流行病”感染，成了“墙头草”，什么样的风来了，就倒向哪个方向……

这就形成了“墙头草”式的“跟风一族”。这样的老师并不在少数。一些人不是真正地深入研究教学问题，而是什么新潮就搞什么，最喜作“惊人之论”，夸夸其谈，大而无当。“减负”来了谈“减负”，减时间、减作业、减压力，最好减得老师再也不进课堂，学生再也不要读书；“研究性学习”来了就搞“研究”，研究服饰、研究饮食，最好让学生去当研究员。“跟风”跟得快，也变得快。这不，“新课程改革”刚刚问世，就有人跟上去了。“教师与课改”“课改与学生”“课堂与课改”等一大批炫人眼目的课题纷纷出炉。难怪有老师说：“新课改又使一些人成了教研暴发户。”

这一切都源于教师的急功近利，源于教师对“成绩”、对“成果”的盲目追求。

我曾经到过一个学校，听校长介绍，该校组织全体教师到山东杜郎口中学进行了一天的考察学习，为杜郎口中学的经验深深折服。因此，全校下决心要学习杜郎口中学的教学模式。言谈话语中，校长很是踌躇满志，似乎已经看到了教改成功后学校的美好前景。我跟着他到教室去一看，果然，课桌摆放改变了，学生上课时团团围坐在一起，周围的黑板布置变化了，四面墙都变成了能够书写的黑板。我当时就持着怀疑的态度：仅仅一天的时间，就能够学到杜郎口中学的经验吗？果不其然，半年之后，我再到那所学校去，发现学校宣传栏中关于杜郎口经验的介绍材料已经不见了，到教室一看，一切又恢复了原状。悄悄问起一个老师，他告诉我，轰轰烈烈的实验开始没多久，就因为“水土不服”而“偃旗息鼓”了。

可见，盲目的跟风未必符合教育发展的规律。一名教师，如果要在教育改革中占据潮头的位置，就必须按照教育的本质去行动，就必须有自己的认识，一味生搬硬套他人的经验，注定要失败。有个全国有名的教育专家就说过：“你们跟我学习什么？要学的应该是我对教育的执着追求，对教育的一腔热情和不断研究的劲头，而不是学习我的具体的做法。为什么？因为这是属于我的方法，而不是属于你的。如果你非要照搬，估计一定会栽跟头。”

这番话颇有道理。看那些成名成家的教师，有多少人直接继承了前人的成功经验呢？前人的经验当然需要学习，但这种学习更多的是立足于融会贯通，立足于结合自身的实际进行消化和利用。正因为如此，他们所得到的经验才是真正的经验。

有的老师跟我说：“您说的我都理解，可学校领导非要让我去学‘××’教学模式、‘××’教学策略，我不想学有什么办法？我还能得罪校长？我是迫不得已才做‘墙头草’的。”这的确是一个事实，有些教育管理者盲目推崇某些所谓的教育改革经验，急功近利，总奢望靠“拿来主义”，将“舶来品”引入学校，省时省力换来功成名就。这必然给老师的工作造成一定的影响。但是，老师这个职业的最大特点之一就是有自己的个性和思想，完全可以在不与管理者发生直接冲突的情况下，坚持自己的教育教学理念。所谓“强行推行”，并不能成为教师做“墙头草”的理由。

记得20世纪90年代初，“目标教学”模式开始流行。当时，我所在地区的教育行政部门以强硬的管理手段要求老师们全面推开目标教学。而按照我的理解，如此机械的教学方式，必然与语文教学的灵性、丰盈相抵触。怎么办？我作为一个学科带头人，如果坚持不去做这件事，恐怕也无法在学校领导那里交代。后来，我的一位恩师给了我启示：“你所做的一切变革，必须能够符合你所能理解的语文教学的本质规律。你为什么不能另辟蹊径，吸纳目标教学理论中合理的成分，结合自己的语文教学，创出有自己特色的目标教学模式呢？”一句话点醒梦中人，我就是遵循这个思路，不断摸索，进行了“以学法为核心，以习惯为目的的语文目标教学模式”实验。当时，这一实验得到了各级教研部门的高度评价。试想，如果我当初做了“墙头草”，盲目地推行自己并不认可或者说并不理解的目标教学模式，最终的结果必然是一败涂地。

另外，很多教师在工作中容易成为“墙头草”，还有一个重要的原因，就是太急于得到教研成果。有一次跟一个老师聊天，他跟我说了这样一番话：

教研要出成果，还真有捷径可走。记得有一年，上面下达了一个课题到我们学校，当时很多老师说：“我们也可以搞课题，不可能吧?”校长把它交给我的时候，我还诚惶诚恐。抱着试试看的态度，我制订了一个方案。但真正做起来，实在是力不从心。有次，我去一所重点学校查资料，那校长对我说：“收集资料？何必吃那苦头。验收前突击一下，至少能得三等奖。”我的课比较多，加上资料又少，许多具体问题迫切需要专家的指导。我知难而退，做了一半就放弃了。验收前三个月，上面打电话问我做得怎么样了，我说快了。我草草写了一个总结便交差了。没想到还真得了奖，校长表扬了我。其实我何曾下过力，我哪里做得出来?

像这样为了在短期内取得“辉煌成就”而不惜弄虚作假、处处找捷径，我想，比一般“墙头草”所表现出的没有个性、没有主见的随风倒现象导致的后果更为严重。对想有所作为的年轻教师来说，这样的事情必须杜绝。

6 第六篇 山重水复疑无路，柳暗花明又一村

——让管理进入理想的境界

一个集体能够正常运转通常要仰仗最基本的规则，这就如同一台机器一样，每个零件有其固定的位置、职责和运转方式。而那些通常在集体中“咄咄逼人”，自恃劳苦功高，要荣誉、要待遇，否则就施以要挟之术的人，大多是渴望摆脱规则的束缚，渴望自己凌驾于集体之上，渴望以一己之力撼动整个集体，从而使集体这台机器按照自己的节奏去运转。管理者如果因种种忌惮而不断忍让，绝对是以损害集体的利益为代价“暖了一人”而“伤了一群”。若基本规则的底线被突破，带来的将是管理权威的丧失和执行力的下降。

说说学校发展与“秩序建设”

我不知道在这样一篇短文中用“秩序建设”这样一个词是否恰当，但我的确想谈谈学校发展与“秩序建设”这个话题。

我从骨子里喜欢秩序，我喜欢一切在计划之内、预期之内、掌控之内。我不希望生活总处在“意外”的状态中。也许正是基于这样的思想认识，我觉得对一个学校而言，秩序建设非常重要。

我曾经这样简单归纳学校生活的理想境界：在一所规模庞大的学校里，每一个成员，就如同一个个零件一样，紧密地团结在一起，形成巨大的合力。每个人都知道在什么样的时间、什么样的地点，自己应该出现在什么位置，履行什么样的职责。这样一来，学校这台庞大的机器，就有了无穷的动力，始终能够按照既定的目标有条不紊地运行，即使有一点摩擦、一点故障，也能凭借巨大的惯性自身得以消弭，从而继续朝着正确的方向走下去。

这是我理想中的“学校秩序”。

在秩序的课堂上，师生清楚自己的角色，能为自己定好位；在秩序的校园里，一草一木、一举一动，和谐自然；秩序的管理，不急功近利，不随心所欲，一切按照规则，按部就班地展开……

秩序建设不能采取“单打独斗”的方式，它需要全校教职员工及学生一起努力。在各个层面上，全校上下所有人的思想要统一起来，就如同造一架大飞机一样，各个层面上的人的行动就是一个个零部件的打磨与制造。若要使大飞机翱翔于天际，不仅需要各个零件质量的万无一失，还需要相互之间配合得天衣无缝。

秩序建设最忌讳头痛医头、脚痛医脚，如果出现一些问题就盲目下药，虽然治好了这里的毛病，但可能会换来更严重的疾病。学校领导要学会耐住性子，仔细“望闻切问”，找到肌体病症的关键，从整体下手，对症下药，标本兼治。要善于发现问题背后的东西，不能盲目出手，可一旦出手则准，一旦出手则有效。

秩序并不妨碍创新，工作中有新思路、金点子自然是好事。但创新必须是在秩序基础上的创新，如果以牺牲秩序为代价，创新也必成无源之水、无本之木。

追求秩序并非是懒惰、缺乏进取心的表现，恰恰相反，秩序应该是领导者的重要的管理工具，是“无为而治”的重要载体。若领导者盲目出台政策、盲目采取行动，往往使秩序无序，从而导致内部矛盾的层出不穷。秩序是提高教育效率的重要保证，尤其是一所学校日趋庞大的时候，要把认准路坚持走下去作为工作的重点，不要轻易左顾右盼，不要轻易东晃西摇，否则，就会像要求一个超胖的人不断做出灵活转身动作一样，也许结果就是一个字——晕！

强调秩序建设，校长的意识至关重要。外界因素对学校的干扰是纷繁复杂的，包括上级主管部门，也往往会有太多的政策来“左右”学校的发展。校长不能是个耳根子太软的人，不能听风就是雨，不能做摇摆不定的墙头草。在不违背基本政策的前提下，校长应该有“你有千变万化，我有一定之规”的胸怀和气魄，不随意更改既定的学校发展的路线。如此，学校才能形成自己独到的气质和风格，从而脱颖而出。

真正优秀的学校应该是安静的。这种安静，既体现在学校不慌不乱、有条不紊的外在状态中，更体现在师生平静祥和、从容不迫的内心里。即使存在良性的“化学变化”，也不是轰轰烈烈、浮躁喧嚣的“运动”。而这一切，皆仰仗于学校形成的良好秩序。

执行力与学校发展

何为最成功的管理？我认为一语概之，最成功的管理是在一个团队中，每个个体的思想不被禁锢和压制，但已经制订的政策和已经明确的要求，团队中的每一个成员都会不打折扣、坚决执行，保持高度一致。如此，才能上下同心、形成合力，确保管理效益的最大化。

因此，一所学校要获得长远的发展，形成一种有执行力的文化非常关键。一所学校执行力的高低，决定着一所学校的教学质量的好坏，甚至决定着一所学校的生存。

可惜，纵观很多学校，它们在执行力的问题上都存在诸多不足，主要表现在：对待工作缺乏热情和主动性；不追求完美，不追求细节，敷衍塞责之风严重；制度落实上不能善始善终，而是虎头蛇尾；学校领导的话，只是墙上的标语、纸上的制度，真正得到贯彻的寥寥可数；工作开展前松后紧；缺乏解决实际问题的方法，工作方式呆板简单，因循守旧，缺乏创造性；工作中思想不统一；背后埋怨、牢骚，甚至暗地里“顶牛”的现象此起彼伏。

这些问题的存在，掐断了一所学校形成巨大的精神力量的源泉，缺乏冲锋号一响，心无旁骛、勇往直前的精神。

究竟是什么导致了学校执行力的下降？

第一，过分强调“管”所致。更常态的是居高临下的命令：你必须怎样，你必须不能怎样。没有对民意进行深层次的采集和整理，没有对政策背后的“为什么如此”的诠释和引导，忽视了管理的“协调”本质，将管理简化为命令和执行。完全是长官意志的体现，久而久之，心不顺、气不通，再谈执行力就是妄想。

第二，沟通缺失症所致。许多误会与隔阂往往是由于缺乏沟通造成的。

校长、中层管理干部、教职工群体彼此之间必须营造良好的交流氛围，必须有一种坦诚的人际交往的安全感。如果在管理中大家各行其是、不交换思想和意见，必然有相逆的认识与行为存在，即使方向是一致的，也极有可能互相羁绊，从而导致执行力下降。

第三，工作随意性所致。总有突如其来的想法和做法打乱教师原有的计划，造成管理层和教师群体的无所适从。这样的随意和无计划性表面看起来颇有创新意识，但常规工作不能按部就班地进行，往往造成团队中蔓延“无序症”，造成执行力下降。

第四，缺少问责制所致。因工作分工不明确，很多事情说不清是张三还是李四负责，也无法认定归哪个部门所属。因缺少问责制，出现问题后找不到第一责任人。时间久了，必然造成相互推诿、指责的局面。“三个和尚没水喝”，群体承担责任，必然导致执行力下降。

第五，制度不严谨所致。制度要有连续性，管理者在制订制度时，一定要认真考虑，广泛征求大多数人的意见，形成“以制度管人，而非人管人”的管理制度。制度一旦出台，就要坚决执行。如果朝令夕改，制度没执行多久，马上就更换或废弃，会严重挫伤教师的教学积极性，影响学校的执行力。

执行力的提高需要很多条件，譬如，管理者自身的人格魅力，科学严谨的管理体系，切合校情的管理内容，等等。其中，打造一支过硬的领导团队是重点。观察各学校，虽然针对任课教师和班主任的培训很多，但真正针对学校中层管理者和年级组长、教研组长、科室负责人等进行的培训却并不多见。其实，正是这些人组成了学校最核心的一个团队，但往往部分人没有角色意识，或者不善于沟通、协调，缺乏执行学校管理措施的手段和能力，因此，造成了学校执行力的下降。

毛泽东曾经说过：“政治路线确定以后，干部就是决定的因素。”政策、方法再好，如果执行人执行得不得法，也就无法达到预期的目标。这就要求学校领导要有一双慧眼，要能选择合适的人，努力去做适合的工作。也就是将合适的人请上去、不合适的人请下来，充分发挥行政团队中每个人的才能，变“要我去管理”为“我要去管理”，变“要我去落实”为“我要去落实”。

当然，只是选择适当的人进入管理层还是不够的，更重要的是培养干部。要给干部学习的机会，提高他们的专业水平。要敢于压担子，让干部在工作中、在实践中探索。要教给干部工作的方法和工作策略，使他们掌握工作的艺术，形成自己的工作风格。在长期合作中，在磨炼、培养中形成一支过硬的执行团队。

“道法自然”是管理的最高境界，它要求学校工作的参与者都在各自的轨道中，遵循规律和法则，有序运行。这也是对学校执行力的最高要求：整个团队形成执行工作的自觉性和主动性。一旦这种文化形成传统，一个学校就步入了良性发展的轨道。对管理者而言，这是管理成功最为重要的标志。

泪要挥，马谡也要斩

——再谈学校“执行力”

管理要以人为本，要有人情味儿，管理的实质就是对人心的经营，诸如此类的提法被越来越多的管理者认同，这应该算是管理者在管理理念上的一种进步和提升。

真理向前一步往往就是谬误。不是要讲求“人情味儿”吗？不是要“温暖人心”“慰藉人心”吗？于是，有些管理者在处理纷繁复杂的事务过程中失去了原则，或者说，以“看人脸色”作为处理问题的依据。若有教师不高兴了、发飙了，为了息事宁人，为了保住眼前的一丁点儿利益，很多管理者就一味地迁就、退让，甚至突破了制度的底线。管理者往往以为这是“高明之举”，殊不知，这样的做法大多后患无穷。

一个集体能够正常运转通常要仰仗最基本的规则。这就像一台机器一样，每个零件都有其固定的位置、职责和运转方式。而通常在集体中“咄咄逼人”，自恃劳苦功高，要荣誉、要待遇，否则就施以要挟之术的人，大多是渴望摆脱规则的束缚，渴望凌驾于集体之上，渴望以一己之力撼动整个集体，从而使这架机器按照自己的节奏去运转。管理者如果因种种忌惮而不断忍让，看似为了整个集体着想，看似保护了某种利益，但往深处看，对这种利益的“保护”绝对是以伤害集体大利益为代价的，结果是“暖了一人”却“伤了一群”，其利其弊明眼可见。基本规则的底线被突破，带来的将是管理权威的丧失和执行力的下降。

更值得追问一句的是，假设管理者的这种退让是出于“情感投资”的需要，那么，请管理者扪心自问：自己能做到自始至终一碗水端平吗？如果换作一个无背景、无资历、无强硬态度的人提出同样的要求，管理者将如何处理？不能一视同仁是管理中的大忌。群众的眼睛是雪亮的，心更是雪亮的。当学校对基本规则实行弹性处理时，带来的必然是教师群体对制度本身的质疑和漠视。

一个美国校长讲过这样一个管理上的案例：

有一次，这个校长到医务室去，看到了一个正在上药的孩子，一问才知道，这个孩子受到了老师的体罚。通过医务室的工作人员，校长了解到，这已经不是第一次发生同样的事了。对这个老师，校长非常了解，是一个德高望重的老教师，在学校享有很高的声誉，在老师中也很有影响力，而且承担着一些组长之类的重要角色。怎么办？如果为了不得罪这个老师，不影响他工作的积极性，校长完全可以睁一眼闭一眼，假装没有看到，不闻不问。但是，这种行为恰恰与学校正在推行的师生关系的规范要求相违背。于是，这个校长没有犹豫，按照学校既定的策略，找这个老师诫勉谈话，并下发了限期改正的通告令。自然，这件事引起了轩然大波。那个老师非常气愤，乃至于很长时间与校长不说话。但是，通过这件事，学校里教师体罚学生的现象一下子大大减少了。那些原本推崇并争相模仿这个老教师做法的人也开始转变。这个老教师虽然看似与校长出现了情感隔膜，但他的确在后来的工作中发生了转变，没再出现类似事件。

这个案例不是很有说服力吗？该校长虽牺牲了“情感”，但换来的却是学校逐步走上正确的道路。

当然，人心都是肉长的，一个管理者也很难摆脱情感因素对管理方式选择的影响。我忽然想起了《三国演义》中诸葛亮“挥泪斩马谡”的故事。诸葛亮对马谡比较器重，对这样一个委以重任的人，诸葛亮的处罚其实也是对自己用人不当的一记耳光。可怎么办？那么多人眼巴巴地看着呢，不斩，何以服众？不斩，何以凝聚人心？斩了！谁让你不听调度、不纳良谏、一意孤行，失了街亭！对制度的尊重，赢得的是大家对制度的敬畏，是一个集体生生不息往前走的动力。当然，诸葛亮老泪纵横，是真的伤了心，事后，他将马谡的儿子收为义子，这则是管理者“真情真意”的“人情味儿”的充分体现！

对制度敬畏、对集体利益敬畏，是一个人心系团队的表现，也是管理者提升“执行力”应该追求的方向！

不要论资排辈

论资排辈的现象在学校并不鲜见。要评定教师职称了，名额有限，给谁？不给谁？为了减少矛盾，学校干脆就按照资历来评定，谁的工作年限长，那职称就是谁的，大家不就毫无争议了吗？学校领导不就省去了很多麻烦吗？

真的毫无争议和减少麻烦了吗？其实未必。

如何去准确评价一个教师的价值是学校管理者的重要职责之一，也是评价一个校长管理水平的重要标准。一个优秀的校长一定会根据教师为学校和学生所做贡献的大小来评判教师的价值，而不是论资排辈。学校如果为了减少麻烦，而采取一刀切式的“论资排辈”的手法来评优晋级，会大大挫伤那些正在为学校做出突出贡献的人，尤其是那些青年教师的积极性。一旦发生这样的情况，学校将遭受极大的损失，甚至会走上错误的道路。

当然，如果不论资排辈处理一些问题，管理者要遭遇很大的阻力。譬如，学校出台优秀教师评定条例，按照教师当下承担任务的多少、贡献的大小进行排序，那些支撑过学校发展的教师很可能并不会被排在前面，因此可能会心理失衡，可能会产生抵触情绪。在这样的进退两难中，管理者该如何抉择？若保全老教师的需求，可能就会挫伤年轻人的上进心，而维护年轻人的热情，可能又会触及老教师的利益。在这样的窘境面前，很多管理者妥协了：年轻人资历尚浅，机会还很多，即使感受到一些不公也不敢发牢骚、耍脾气，这样的评定还是先“照顾”一下老教师吧！结果，又是论资排辈的思想决定了结果。

一所学校的发展要立足于未来。因此，一个优秀的校长必须保证自己的每一个决定都是建立在每个教师对学校的贡献之上的。否则，损害的就是学校的发展和长远利益。一个年轻教师有着旺盛的精力和无穷的创造力进入学校后，如果发现自己很快被纳入了“论资排辈”的行列，排在遥远的队尾，需等待自己慢慢熬到老教师队伍中去，才会有资格享受到一定的待遇和地位，他的热情自然会锐减，创造力也会下降，甚至精力也会转移到工作之外。

论资排辈其实并不单纯地反映在评优晋级上，很多时候，学校有一种传统的文化：经验至上。什么是经验？资历就是经验。很多老师会这样想：我吃的盐比你吃的面还多，我过的桥比你走的路还长，在我面前，你是小字辈儿，没有发言权！于是，评课时，老教师要先侃侃而谈，他们的意见都发表完了，才能轮到年轻教师说；而年轻教师不能说、不敢说，或者随声附和，不能质疑，更不能有反对意见，否则就会遭到排斥；学校出台政策时，征求的大多是老教师的意见，因为他们见多识广，考虑更周全、更严密，年轻教师的意见就算了，不值得考虑。

这样的局面就造成了青年教师在学校舞台上的集体“失声”，他们没有发言权，没有表决权，他们似乎不是学校的主人，而只能在“经验”和“资历”面前“俯首称臣”。“万马齐喑”的局面是多么可怕啊！如果仅仅是传统的儒家文化导致这样的结果还可以理解，但如果是管理者的管理思维指向这个结果，就非常可悲了。

美国一位优秀的校长托德·维特克尔曾经谈到过“论资排辈”的问题，他说过这样一段话，值得我们思考：

作为校长，在决定录用一位有发展的候选人之前，我总是先声明：“我想要吸纳的是那些真正想要成为全国最好的中学教师。作为新教师，我希望你在第一次教师会议上就能够发言。不要有任何顾忌。如果你不同意我的看法，我就不会录用你了。在我看来，只有致力于提高学校素质的教师才是有价值的。我们学校没有论资排辈的说法。

显然，这样的谈话和管理思维能够赋予年轻教师无穷的动力，并且让他们终生铭记于心。假如管理者小心翼翼地这样教育新入职的老师：“你刚走上教师岗位，还没什么经验，不要擅作主张，要多跟老教师学习、求教。”这样做虽然是出于对年轻人成长的一种关心，但效果也许会与托德·维特克尔的做法截然不同。

当然，不论资排辈并不意味着置老教师于局外。这样不仅对老教师不公平，而且也会失信于人。准确评估老教师的价值、充分发挥老教师的作用，也是给年轻人一个方向、一种希望。管理者要能从另外一个点切入，譬如，给予这些老教师相应的评价与奖励，或者安排他们以过来人的身份向新老师介绍经验，让他们有益的经验能够传承，他们的价值能够得以体现，他们渴望被认可的心理得以满足。久而久之，学校就形成了一种文化，并不断被传承。

让不同层面的教师均找到自己在学校这个大舞台上的角色并有机会淋漓尽致地表演出来，这是管理者的重要职责，简单的“论资排辈”显然是无法凸显此效果的。

管理者要成为教师心灵的养护者

教育是心灵对接的工作。教师对学生如此，领导者、管理者对教师同样如此。这么多年，我见到了很多管理者的无奈，虽然他们兢兢业业，起早贪黑，恨不得殚精竭虑，废寝忘食，但老师们并不买账，相反，一到民意测验，管理者的得分很低。当然，造成这样情况的原因肯定是多种多样的，但是，如果一个管理者不能赢得被管理者的心，即使付出再多，又能换来什么？恐怕很难有事业成功一说。

我曾经读过稻盛和夫的《六项精进》一书。在这本书中，他谈的就是自己的管理经。但你若读一读《六项精进》，就会觉得他似乎谈的不是企业如何建制、如何管理等问题，而大多说的是对人心的经营。世间关于人的管理道理是相同的，只有管理者与被管理者能够心意相通，管理才能生效。因此，作为学校的管理者，首要的任务就是要成为教师心灵的养护者，这才抓住了管理的核心。

那么，管理者如何养护教师的心灵？

首先，管理者要善于给予教师慰藉，要心甘情愿地当好他们坏情绪的“垃圾桶”。近些年来，教师虽然被美丽的光环围绕，教师职业也被称作“太阳底下最光辉的职业”，但实际上，教师这一职业却是越来越难做了。与前些年相比，社会对教师的要求越来越高、越来越苛刻，教师这个职业面临的窘境越来越多，繁重的负担、过重的责任、繁琐的工作、微薄的工资，甚至诸如辞退之类的威胁，让教师心力交瘁，甚至损害了他们的身心健康。作为学校的管理者，要学会倾听，老师们若有了什么不痛快的事，诸如，班级不好管，学生捣乱，家长不配合，学生考试成绩不理想，甚至被领导误解，挨了领导的批评，等等，都可以来找管理者来倾诉。这样的倾诉并非一定要解决某个问题，但老师需要这样的一个途径将心头的抑郁发泄出来，这样才会恢复正常的心态。因此，作为管理者，首先要肯于做教师坏情绪的“垃圾桶”，要学会帮他们把坏情绪、不好的经历倾吐出来，这样他们才会轻装上阵，才会重新起步，投入工作。假如管理者对教师的这些困惑、不爽置之不理，甚至有意回避，管理能力就会急剧下降。

某位语文老师参加说课比赛，对评奖结果不满意，于是，校长发短信安慰他：“我知道你自己有对课堂的真知灼见，认真听取大家的意见并不意味着全盘否定自己，有时候坚持自己的风格才会找到自己的出路，不自以为是，但也不要妄自菲薄。”一个老师跟家长吵架，校长在QQ上给这位老师留言：“我知道你心里委屈、难受，甚至不理解学校的处理方式，我只想告诉你，这是一个人成长的必经之路，当过段时间你回头再看这件事时，也许会有新的认识，会有新的收获。”

看似简单的做法，却有着慰藉人心的力量。其实，老师需要有人帮助他们去缓解巨大的压力，管理者所处的位置决定其成为最理想的人选。找同事不行，因为很多老师会觉得丢人；找自己的家属不行，因为他们不理解，容易火上浇油；找学生更不行，他们不会明白。而管理者的理解、包容、开导，却能让教师终身铭记。

其次，管理者要善于引领教师，当好他们成长道路上的航标灯。所谓“航标灯”，无非就是管理者以自身的榜样力量来引领全体教师，如此，才能真正体现管理者是教师心灵呵护者的角色。管理者要能够以自身的行动让教师知道如何去丰富自己的心灵，如何走在一条寻求幸福的道路上。要引导教师将读书作为自己的生活方式。其实，很多教育问题并不是教育技术的问题，而是教师的人格问题。抛去人格的构建而功利地追逐类似于教学法、教学策略等技术手段，永远不可能触及教育的本质。如果教师的人格不那么崇高了，真善美的观念不那么清晰了，那么，教师又如何完成传承精神文化的使命？教师人格的形成、观念的净化，需要靠长期的书香浸泡和自我探求。管理者要把打造书香校园作为自己的工作职责。同时，要鼓励教师尝试写作。教师应该有点书卷气。造就教师的书卷气，最好的途径莫过于写作了。古人云：“学而不思则罔，思而不学则怠”，把这句话迁移到教师专业成长上，加一句就是“得而不写则庸”。这非常准确地点明了写作在提升教师专业水平、提升做人品位上的重要作用。不勤于写作、不善于写作的教师，应该可以归为“平庸”的教师。管理者要倡导教师写作，并为他们提供写作的机会，譬如，进行教育故事的评比、主办校刊、开办教师博客等。

当然，让教师读书，管理者要先读书，让教师写作，管理者要先拿出作品。如果领导只管吆喝，自己的案头却连一本像样的书籍都没有，自己也从来不下水实践写一写对教育的理解，恐怕很难在学校营造一种良好的氛围。“楚王好细腰，宫中多饿死。”这句话讲的是从前楚灵王喜欢腰身纤细的人，楚国的士大夫们为了细腰都节食减肥，甚至饿得头昏眼花，站都站不起来。坐在席子上的人要站起来，非要扶着墙壁不可，坐在马车上的人要站起来，一定要借力于车轼。谁都想吃美好的食物，但人们都忍住了不吃，为了腰身纤细，即使饿死了也心甘情愿。由这句话可知，管理者，尤其是领导对手下人的影响力。

从作秀中找到最大价值

学校并不是世外桃源。学校有很多的顶头上司，俗称为“婆婆”，“婆婆”多了，自然会经常让“儿媳妇”承担一些并非心甘情愿但又不得不做的工作。譬如，教学评估、星校创建、文明单位建设、行风评议，等等，各种各样的检查层出不穷，虽然未必能够直接促进学校的发展，但又实实在在马虎不得，因为学校得罪不起，不重视的结果就是“吃不了兜着走”。没办法，学校只得忙个“脚掌心朝天”。扎扎实实地归纳、总结、提炼、提升自己的工作自然不在话下，除了实在的工作之外，那些表面文章也得做得完美无缺才好。于是，强调招待、强调环境、强调说点假话，必不可少。这些，一言以蔽之，大约就属于“作秀”的范畴了。

作秀的最大特征是什么？就是不实事求是。本来不是那么回事，偏要煞有介事地装成是那么回事，把真的说成是假的，将假的说成是真的。作秀这个事儿，在眼下的中国并不鲜见。在学校层面的作秀，更多的包含着学校要赢得上级部门的认可，要进步，要发展，要寻求存在空间的诉求。

关键是，这对于每一个迫不得已卷入这场“秀”中的人而言，情何以堪？我听到了不少老师的牢骚、谩骂，听到了太多的不理解。但最终，每个深陷其中的人，都自觉或不自觉地成为一个重要的角色，使这场“秀”完美地、接力式地进行下去，直到博得那些想看“秀”的人的交口称赞为止。生活也好，事业也罢，就是在矛盾中存在的，此谓真理。

从参加工作至今，我已经在教育这一行中感受了太多的“秀场”。时间久了，也慢慢从中总结了一些规律：“秀”是躲不过的，它就像洪水猛兽一般，不是你想挡在自己的世界之外就能挡住的。环境所迫，条件使然，你就必须深陷“秀”的漩涡。那怎么办？

索性，硬着头皮去挖掘“秀”的价值吧！

其实，人这一辈子所经历的一切，顺境、逆境、快乐、痛苦，都有其价值所在，割舍任何一点，生命都是不完整的。正是这种各具特色的体验让一个人的生命变得丰盈和充实起来。如此来看，“秀场”又如何？或许这也是人生中必不可少的一部分。既然是必不可少，也就不必太在意。况且，实事求是地说，在准备“秀”的过程中，每个人是不是也都在提高？“秀课”，教师对课堂的理解深了；“秀教研活动”，教师对教研活动的认识丰富了；“秀接待”“秀汇报”，学校管理也算经历了一次潜在的评估、考量。凡此种种，不是多多少少有益吗？

若一个人面对的事情是不可回避的，那就坦然面对，从虚假的外壳下寻找点滴的价值吧！管理者要有这个本事才行。纵使是作秀，也要千方百计找到它对学校有实际促进意义的切入点，尽可能实现完美的结合，让老师和学生在作秀中确实有那么一点点收获。否则，毫无价值的作秀，不仅会伤了师生的情感，也会伤及教育原本纯粹的品质。

“应付之风”何时了

在教学管理岗位待的时间一长，难免会有悲观和失落的情绪，原因就在于自己的想法与现实之间常常存在巨大的反差。我不由得想起恩师唐殿强在我的毕业留言册上写下的话：“理想就是烟火，当你真正投身到某项事业的时候，你才会理解这句话的含义。”

现在我对这句话有了深深的体会：理想的教育境界总在不远处招手，但又总是无法靠近，无法抓在手中。

我一直憧憬着教育的理想境界：师生共融，共同成长，教育行为不着痕迹，润物无声，闪现着人性的魅力和光辉。校园是乐园，是幸福之源，是诞生诗意和善良的地方。

而这一切，又在何方？

改造人的思想是世间最难做的事，一切改革的源泉归根结底都在于对人们思想的改造。即使我们充满了善意之心、诚挚之心，即使不遗余力地启发、唤醒和引导他人，我们的行为也未必能够被理解和接受。在教师队伍中，“应付之风”恣意蔓延、愈演愈烈，已成为教育的毒瘤，将教育原本应有的美丽蓝图剥蚀得残败不堪。

教师备课在应付：经验足矣，备课何用？大不了弄个教参“搬家”，胡乱抄写一番，量检查者也无可奈何！

教师上课在应付：我乃派发知识之人，吆喝着把准备好的东西抖搂出去即可。学生能不能吃？会不会吃？消化得了还是消化不了？对不起，那不是我的问题。我的45分钟结束了，万事大吉！

教师批改作业在应付：不论对错，红钩批之，我的批改效率是否奇高？做与不做，对与不对，改与不改？别问我，学生应该为自己负责。我的任务？布置！大量的作业，只要占据了学生的时间，消耗了学生的精力，足够了！

教师辅导在应付：个别辅导？别说笑话了。教师也是人，不该有自己的自由时间吗？学生不会？那是活该，谁让他上课不认真听讲。真不行？可以找我补课，不过得掏些银子，这嘛，是教师的价值！

教师做教研在应付：教研？交流？有什么用啊？怎么，非得弄？好吧，网络是个宝，问啥啥知道。他人的经验摇身一变，不就成了自己的？没什么应付不了的。

……

呜呼！在应付中，教育的丰盈和饱满变得干瘪，教师的魅力和威信片甲无存。工作沉不下心、干事沉不下身、落实沉不下力，长期如此，师将不师矣！恐怕受损的不单单是学生，受损更多的是教师自己。试想，一个人如果从事的是一份自认为不值得做的工作，往往会保持冷嘲热讽、敷衍了事的态度。不仅成功率低，而且工作会变成一种煎熬，没有丝毫的成就感，人生的幸福又从何而谈呢？

全力以赴与全力应付的区别在于知道什么是重、什么是轻；什么是大、什么是小；什么是急、什么是缓。看似简单的道理，有些人一辈子都弄不清楚。

“应付之风”在一所学校蔓延，乃至成为一种另类文化，自然着实可悲。原因何在？管理者必须深思之。克服“应付之风”应该从以下几点入手：一是较真。有计划就有落实，有布置就有检查，不放空炮，不睁一只眼闭一只眼，管理者在工作中要有“一根筋”的精神，务实就会成为工作的主流状态，“上梁”正了，“下梁”自然不敢歪。二是民主。工作中不盲目，不乱来，不凭头脑发热来做决断，每一个想法都经过深思熟虑，广泛征求意见，在工作中有民主作风，发挥群众的智慧，工作接地气。三是求实。管理者要有一点骨气和睿智，面对纷繁复杂，不得不去应对的“检查”“评比”，既要有骨气坚持自己的一些东西，不东风来往西倒，西风来往东摇，又要深谙生存之道，在能够对上有所交代的情况下，尽可能帮助学校员工们寻找到各种“秀”中的实际价值，尽可能减少纯粹为了面子、为了作秀而存在的单纯的造假行为。

当然，更重要的一点就是要加强对教师思想的引领，强调付出与收获的关系。至少，也应该让每位教师都懂得一个道理：你应付了今天的工作，明天就会应付你！

将会议开得有“滋味儿”

国人喜欢开会，这毋庸置疑。

学校也不例外，各个层面的会议也是层出不穷：那么多的文件需要传达，那么多的思想需要统一，那么多的工作需要部署，那么多的经验需要交流。好像这对学校来说也是一件无可奈何的事，于是，开会似乎成了学校最重要、最常见的管理方式。

其实开会本也无可厚非，毕竟这是在集体生活中不可避免的事情，想必老师们也能够理解。但会议能否简练些、实用些、有效些？能否讲究点效率、讲究点效果？能不能别像老太婆的裹脚布那样，臭得发烦，长得起腻？能否不空洞乏味，如同嚼蜡，乃至会场上或冷漠，或麻木，或嬉皮笑脸，或打趣有笑，与会者甚至根本不知道这个会议在讲些些什么。这是不是一种变相的浪费生命？

有个说法很有趣，说中国人得老年痴呆症的人多，是因为经过一次次重复和无意义的会议，再聪明的大脑也会愈加愚钝。当然，这绝对是玩笑话，其实大多数人总泡在会场上并不会造成智商下降，不信你看，大家手中的手机，使用频率多高啊！那飞来飞去的短信，估计都是发给久违的朋友的。会议有促进友谊的功效，也算是不无裨益吧！

不管怎么说，这样的会议不开也罢，因为不仅达不到开会的预期目的，而且往往造成教师群体懈怠、冷漠、涣散，负面影响极大。

其实，任何工作都需要精细化。学校在组织会议时，如果没有精细的谋划、鲜明的主题，谈问题只停留在问题表面，不疼不痒，让参加会议的人就会觉得像喝了一杯不热不冷的白开水，着实不爽。

管理者都应该在开会这个问题上下功夫，让会议变得“有滋有味儿”，有吸引力。

这里就不得不提一下“珍惜话语权”这个话题。

有些管理者是很擅长“演讲”的。大凡会议场所，常常会有一个很好的“演讲”的平台，即赋予了人“话语权”。管理者要珍惜这样的机会，尽情阐述自己的思想，以期对听者产生影响或给其刻下些许印痕，本无可厚非。但过分珍惜“话语权”，甚至话筒一旦在手，就迟迟不放，打破了约定俗成的规矩的现象也屡见不鲜。在这种情况下，“珍惜话语权”就变了味道。常常见到学校的领导坐在高高的台上，颠三倒四，翻来覆去，说起某个老生常谈的话题来没完没了，会议的时间因此被不断延长。这样的开会方式除了让与会者心生怨气之外，别无益处。

珍惜话语权，以不剥夺别人的“话语”时间为标志。一个舞台明明已列出节目单，你只是其中的一个片段而已，却霸占了整个演出的时间，侃侃而谈，自娱自乐，完全不顾及那些已浓妆淡抹、心潮澎湃的演员，只图自己演个淋漓尽致，不能不落下个自私自利的骂名。

珍惜话语权，不能“将自己的快乐建立在别人的痛苦之上”。所有的发言都是有对象的（除自言自语外），这就要求发言者要顾及听众们的兴趣爱好、心理状态、知识水平，如果完全不管别人听得进去还是听不进去，感兴趣还是不感兴趣，都只管把写在纸上的那一大番话一泻千里地倒出来，自己倒是痛快了，你可知听众的耳朵受到了摧残？要知道，“对牛弹琴”的典故中，可笑的永远不是那头“牛”，而是茫然无知的“弹琴者”。

珍惜话语权，不能“眉毛胡子一把抓”。但凡发言，必然有环境场合的特殊性。一个高明的演讲者，必然能够抓住会议最本质、最核心的东西，并能用最简练的语言表达出来。这样才能给听众留下卓尔不群、深刻经典的印象。反之，若如老和尚念经一般，不分重点，没有主次，老生常谈，缺乏创新精神，除了让人知道你的声带在不断工作之外，恐怕没有太多的意义了。

当然了，一次会议能否开得有滋有味儿、达到预期目的，不只是提升管理者“话语”水平这么简单，从我多年的工作经验中，我认为至少应该具备以下几个条件：

一是会议主题突出。你试图通过这次会议收到什么样的效果？会议准备做出什么样的决定？准备取得什么样的行动方案？目的越明确、越单纯，效果就越好。常常见到很多学校会议是“一揽子会儿”，各部门走马观灯似的上场，几乎把一个学校方方面面的工作数落一个遍，头绪太多，反倒让与会者不知所云。

二是议事日程详尽。列出与会议目的有关的项目，依据重要程度进行项目排序，限定每个项目的商议时间。千万不能没有提前的预设，以免造成会议前紧后松或前松后紧。这就如教师授课一样，没有合理安排讲解重难点的时间，最终的会议效果也不会好。

三是控制讨论的过程。会议要强调民主作风，但不能理解成放任自流。如果发生与论题无关的情况，会议主持人应及时引导讨论者将话题回到议题本身。如果讨论变得复杂、出现各种不同的见解时，主持人要根据自己的理解将各种观点加以概括，以便更好地分析和讨论。

四是严格遵循时间。要严格遵循会议提前安排的时间。本来计划会期一个小时，结果两个小时还没完成，这注定是失败的会议。在这种情况下，对教师而言，他们损失的不仅仅是一个小时的时间，那种无序的、缺乏计划性的工作作风，会影射到其他方面的工作，造成无形的损失。

说说“头疼医头，脚疼医脚”

“头疼医头，脚疼医脚”，这纯粹是西医的思维方式。如果一个人食欲不振，西医往往认为这是由于消化道出问题了，于是将消化道作为医治的对象。但中医不这么认为，它认为人食欲不振很可能不是消化道的问题，而是人的生理系统出问题了，而消化道只是问题的表露地点，并不是问题本身。两种医疗方式在逻辑上的差异，让我想到，我们今天在分析和处理学校问题的时候，是不是也有不同的医疗逻辑呢？我们是满足于解决表面的问题，还是着眼于从深层次挖掘病根？

时下有一种现象在学校非常普遍：上面一有意向，下面闻风而动。假如掌握实权的领导一说你的课堂过于陈旧了，那好，赶紧把杜郎口、昌乐二中，把全国做得最火的那些典型搬过来，照猫画虎，弄得大张旗鼓，轰轰烈烈。其目的呢？往往是为了博得领导的回眸一笑。可实际问题真的解决了吗？说过了，做过了，热闹过了，突然发现，一切恢复了平静，终点又回到了起点，问题依旧摆在那里，根本就没有解决。

原因是什么？因为拔苗助长、没有按规律办事。凡是不按规律办事的，自然会受到规律的惩罚。

其实，出现这种“头疼医头，脚疼医脚”的现象，学校的管理者，特别是校长，应该难辞其咎。校长怎么做才能杜绝这样的现象呢？

一是要能够发现学校的主要矛盾。处在社会转型期的学校，矛盾自然不少。那么学校发展的主要矛盾是什么？校长要进行理性的思考和把握。然后扭住主要矛盾这个“牛鼻子”不放松，牵一发而动全身。如果总陷入那些琐碎但并非关键点的矛盾中，看似消耗了很大精力，但对学校整个的发展作用不大。

二是要能够跳出教育看教育。需知“不识庐山真面目，只缘身在此山中”，校长要善于以旁观者的角色来审视自己、审视学校的各项工作、评价自己的办学思路，这样才能保证自己行走在大路上，解决最根本的问题。当然，也可多请局外人给予一些评判和建议，以便换个角度思考问题。

三是要实事求是地看问题。做教育要踏踏实实，要耐得住寂寞，若学校一味地想成为名校，却又不肯低下头来在品质上下功夫，迟早会栽跟头。有一个校长曾经打过一个比方：走极端往往比较容易出名，犹如穿得最多的和穿得最少的人走在路上回头率比较高是一样的道理，但这往往是有害的。因此，学校不能用讲成绩来掩盖问题，也不能只讲优势不讲缺点。用理性的思维看待问题，化解矛盾，克服困难，真正潜心于学校的实际工作中，就不容易犯下“盲人摸象”的毛病。

真正找准病根，合理用药，且坚持既有方向，持续用力，学校就会走在正确的道路上，并逐渐优秀起来。

第七篇 晴空一鹤排云上，便引诗情到碧霄

——让生活充满幸福的滋味

理想是人对自己所从事的事业的美好向往，虽然在实现理想的过程中会面临困难，但它却代表着正确的方向。而教师之中的“应该主义”，却是因为对教育事业缺乏真知灼见和细致研究而产生的狭隘、简单、粗陋的思维方式和解决问题方式，因而不符合教育规律，一开始就走上了错误的方向。我们提倡“仰望星空，脚踩大地”，而“应该主义者”恰恰是不仅看不到美丽的星空，也不肯埋下头来、立足于现实，沿着这样一条路走下去，走进死胡同就是不可避免的了。

教师不能是“应该主义者”

在老师的口头禅中，经常有类似的话：“这么简单的知识，学生应该明白了啊？这么简单的事情，学生应该能够做到啊？这么浅显的道理还用我来告诉他们吗？学生这么大了，应该懂了啊？”

可事实往往不尽如人意：简单的考试，学生考得一塌糊涂；简单的事情，学生做起来一团糟；而那些看起来非常简单的道理，学生不仅不懂，而且屡屡犯规……于是，教师在“残酷”的现实面前心态失衡，除了愤怒、斥责之外，也有无奈和迷茫：学生怎么会这样啊？

作为一名教师，要学会思考：决定教育效果的关键变量是什么？其实不是学生，也不是家长，而是老师。一个优秀的教师总是努力反思并提高自己，并且集中关注着他自己能够控制的东西——自己的表现。遇到问题时，优秀的教师总是从自己身上寻找解决的答案，而平庸的教师总是着眼于别处，总是奢望环境的改变来解决问题——不要说这样问题很难解决，即使真的能够解决，道路也将是极其漫长的。

那么好了，回到文章一开始说的问题上来，为什么学生在看似“应该”的事情上屡屡让教师不满意？归根结底，是因为部分老师身上染上了一种病，这种病可以称之为“应该主义”。

何谓“应该主义”？就是指在遇到某个教育现象或教育问题时，不进行理性的、深层次的分析，理所当然地凭借所谓的“经验”或无根据的想象加以处理，一旦结果不理想，就埋怨、指责，就义愤填膺，怨天尤人。“应该主义者”的遭遇是可想而知的，那就是不断碰壁，最终碰得头破血流、鼻青脸肿。

为什么会出现“应该主义者”的病症？

首先，源于教师对学生的不了解。教育行为生效有一个重要的前提，就是对教育对象的把握程度。譬如，在课堂教学中，教师要找准学生的知识起点，凭此设定教学的难度和方案，否则，教学就容易“对牛弹琴”。难了也好，易了也罢，都很难符合学生的“胃口”，学生吃起来自然不香甜。再如学生的思想工作，教师要善于把握学生的年龄特征和心理特征，知道学生想什么、需要什么，以此找到解决问题的突破口。如果教师一味地认为自己掌握的是“真理”，就可以不分时间、地点，像“填鸭”似的把人生道理塞到学生的思想体系中，这样做很多时候不仅没有效果，反而会引起学生的逆反、抵触心理，这也是很多教师“苦口婆心”的训导毫无意义的根本原因。

其次，源于教育方案的简单机械。任何一所学校都会开展一系列的教育活动。但是，若把这些活动放到不同的班级、不同的教师那里，产生的效果就会大相径庭。同样是开家长会，在张三老师那里开完后，家长对学校、对老师充满了感激之情，对孩子也充满了信心，而到了李四老师那儿，家长却是心怀不满，抱怨和责怪学校教育得不周，对自己的孩子也是看不到一点希望；同样是学生广播操比赛，虽然学生没有取得优异的成绩，张三老师却能抓住契机及时引导，让学生充分认识自身的优势和劣势，查找不足，确定目标，增强了班级的凝聚力，而在李四老师那里，学生则是一味抱怨评委不公，斥责别的班级作弊，就是不去反省自身的不足，结果，弄得班级人心惶惶，军心涣散；同样是两个孩子打架了，张三老师怒不可遏，揪住学生的错误不放，两个学生在教室门口站了一个多星期，仍然无法进班上课，而李四老师却抓住机会，借此对全班进行集体荣誉感的教育，不仅让打架的两个孩子幡然醒悟，其他同学也懂得了如何做好班级的一员……教育方案的差异，直接导致了教育效果的不同。教育的对象是人，而人是这个世界上最复杂的动物，因此，任何一个教育行为都需要教师前思后想、认真审视、小心翼翼地进行设计，这样才能让效果更突出。简单机械地处理问题，久而久之就会形成一种思维定式：不就应该这样吗？何必绞尽脑汁、费尽周折？于是，总想一下子达到目的，不肯迂回，不肯“曲线救国”，殊不知，在这种“应该主义”的思维方式背后，回馈教师的往往就是失落和痛楚。

需要清楚的是，“应该主义”并非理想主义。理想主义是对自己所从事的事业的一种美好向往，虽然实现起来有难度，却代表着正确的方向。而“应该主义”，却是因为对教育事业缺乏真知灼见和细致研究而带来的一种狭隘、简单、粗陋的思维方式和解决问题方式，不符合教育的规律，因而往往一起步就走上了错误的方向。

有句话说得很好：“眼望星空，脚踩大地。”而“应该主义”者犯下的错误，恰恰是不仅看不到美丽的星空，也不肯埋下头来、立足现实，沿这样一条路走下去，走进死胡同就是不可避免的了。

不要在心中树敌

教师工作之累确实是其他很多职业所不能比的：8小时之外，人家都已经将工作放下，尽享天伦之乐，但教师往往是个例外，心里还要装着学生，大脑难以彻底轻松。这是教师职业特点所致，不必过分牢骚。

但仔细一观察，有相当一部分教师还背负着一种“累”，这种累却主要源于他们自己，因为他们没有把教书育人的工作当作是自己生活的一部分，而是把工作和生活生硬地割裂开来。这种人生态度就决定了教师把自己置身于工作的对立面，置身于学校生活的对立面。每天也就免不了硬着头皮走进学校、走上课堂，疲于应付，苦不堪言，有这样状态的人不累才怪！

一个人成年之后最大的幸福感来自于对职业的认同。如果他打心眼里不喜欢自己所从事的工作，只是当一天和尚撞一天钟，就相当于在内心深处树起了一个极其强大又无法摆脱的敌人，四面为敌，终会四面楚歌。

教师的“树敌”表现在哪里？

首先是教师与教材为敌。备课，那是一件多么繁琐的事啊！那些枯燥的课本、乏味的知识，教师只是年复一年、日复一日地重复，一遍遍将教科书上的“白纸黑字”原封不动地“搬运”到教案本上，累得手腕子发麻，毫无乐趣可言。备课成了真正的“体力劳动”，难怪有的教师看到教材就烦！

要知道，教师属于专业人才，在某个学科领域有着自己独到的素养和知识基础。一个教师只有爱上自己所教的学科，才能在教材中寻找到趣味点。教材不是教师要挑战的堡垒，也不是要攻克的难关，而是探索和追求的乐园。备课自然也不是僵死的活动，而是充满了生命的灵性和智慧。教师不要做教材的传声筒，在备课中，要发挥自己的聪明才智和创造力，在无形中提升生命的质量。那种一本教案用一生的做法，除了是对学生的不负责任之外，其实也是造成教师自己职业幸福感缺失的重要原因。想想于漪老师对记者所说的，她一辈子精心写下的满满的一书柜教案本是她整个教育生涯最大的财富。这句话蕴含了多少朴素的真理啊！

其次是教师与作业为敌。如山的作业啊，堆积在教师的案头，一本本地去批改，一本本地去修订，何其烦心啊？既然批阅作业如此让人头疼，于是，很多教师会大光其火，在作业本上潇潇洒洒写下“笨蛋”“会写字的猪”“重写50遍”之类的话，或者毫不怜悯地用粗粗的红叉将学生作业判了死刑等等做法也就不足为怪了。很多教师会一边批阅学生的作业一边叹气、抱怨，似乎作业成了教师获得幸福的障碍。为何不换个思路？如果教师在批阅过程中找亮点、找进步，少看毛病，多看长处，为学生点滴的成功而喜悦，或者在作业本上即兴写下几笔与学生交心的话，兴许能收到一个孩子充满感恩和童心的回复，何其乐哉？

当然，更可怕的是教师把学生当作了“敌人”。很多教师每天要做的最重要的事，就是与学生“斗智斗勇”。如果教师能乐观一点，可以自嘲为“与人斗，其乐无穷”，这也就罢了，可偏偏有的老师肚量不够，在“斗争”中稍占下风就无法容忍，于是充分利用“教师”这个头衔所赋予的“权利”，对学生罚站、罚抄写、冷嘲热讽，甚至以“武力”解决问题，换来的很可能就是师生的势不两立。彼此心意不通了，教师的各种意图无法落实了，不满、失落、痛苦、愤怒也就接踵而至。这是与学生为敌导致的必然后果。与人为敌，就是找到了对手，自然是要示强，是不甘居下风，弦儿绷得紧紧的，力气用得足足的，唯恐失败落到自己头上，争强好胜的结果往往是两败俱伤。其实，教师为何不能像魏书生老师说的那样，把学生“笼络”过来，当作自己的助教？试想，一个班五六十个孩子，他们都成为教师的助手，都在心甘情愿地帮教师做事，那教师这个工作干起来多么轻松惬意啊？当然，这就要求教师学会“大智若愚”，必要时甚至可以“装傻充愣”，在学生面前不是什么万能的“上帝”，而是一个有血有肉、有情有义，当然也有缺点和毛病的“人”。教师示弱未必就会降低自己在学生心目中的地位，相反，他们会觉得教师再也不是高高在上、高不可攀、冷面相对的“敌人”，而是温暖、亲切的朋友，是一个可以共同商讨问题、解决问题的“学友”。这样是不是一切就都顺理成章了？

不要在心里树敌，就需要真正地把教育当作自己的事业，把学生当成成就自己的人。用爱去面对一切，所谓的“敌情”自然会从此杳无踪迹。

“种瓜”焉能“得豆”

抱怨之气在教师群体中似有泛滥之势。

班级纪律涣散、问题频发时，很多老师会抱怨：“现在的学生真不像话，什么集体观念啊，什么荣誉感啊，统统没有，这样的班怎么管理?”

学生没有上进心、考试考得一塌糊涂时，很多老师会抱怨：“现在的学生真不懂事，什么刻苦学习啊，什么回报父母啊，根本就不懂，这样的学生怎么教?”

学生习惯不好、品性较差时，很多老师会抱怨：“现在的学生一届不如一届，什么责任心啊，什么美好品德啊，全都不具备，这样的学生长大了可怎么办?”

呜呼！除了抱怨、抱怨外，还是抱怨！在抱怨中，教师冷了心、撒了手，曾经的教育理想置之脑后，结果可想而知。

每当抱怨之声在耳边响起，我总在想，当面临这种情况的时候，有多少人能够冷静地想一想当初，自己都做了什么。这些结果，是不是与自己并不科学、不符合规律的教育行为导致的。

想当初，是不是由于自己太满足于班级的一时稳定，而忽略了班级制度的建设，忽略了文化力量的引导，没有做到防微杜渐，才导致自己今天成了疲于应付的“救火队员”?

想当初，是不是由于自己太注重对知识的传授，没有走进学生的内心世界，没有因材施教，没有将激发学生的学科兴趣作为重点，才导致在今天的课堂上自己迫不得已唱起了“独角戏”?

想当初，是不是由于自己只一味地看重学生的成绩，把成绩作为评判学生的唯一标准，分高者备受“恩宠”，分低者屡遭“排斥”，才导致了今天部分学生会“破罐子破摔”?

俗话说："种瓜得瓜，种豆得豆。"假设一个教师当初只种下了"草籽"，而现在偏偏奢望得到"瓜"，得到"豆"，岂不会被失落包围？

学生和家长的思想、学校的政策、社会环境等因素都影响着教育的最终效果。但显然，这些因素都是在教师掌控之外的，无法从根本上左右学生、家长的思想，左右学校的政策，更无法左右社会环境对人的影响。当老师去苛责这些因素影响到了教育效果的时候，势必会让自己陷入无奈和痛楚之中，因为他们在跟自己无法掌控的事物较劲。换言之，他们在跟自己说了不算的事物拼杀，这是极其不明智的。即便退一步说，这些因素在教师"堂吉诃德"式的缠斗中发挥了作用，也注定是效果甚微的。

那么，在教育中，教师最能左右的因素是什么？就是教师自己。对教师而言，只有自己才是能够被左右的最大的变量。尽管教师这一行也受到诸多因素的影响，并非是随心所欲的，但相对而言，教师还是拥有掌控自己的权利的。一堂课，教师如何去上？是满堂灌、唱独角戏，还是发挥学生的潜能，讲究自主、合作、探究，这些事情校长、主任都无法控制。对待学生的一个错误，是宽容处之、循循善诱，还是夸大其词、穷追猛打、高压震慑，这些教师自己也能说了算；是简单地唯成绩论，还是真正看到每一个学生的成长，从而给学生一个准确的评价，不至于过早"盖棺定论"，这些也都攥在教师的手心里。那么，一个成功的教师首先要做的，就是要清楚地知道：自己想要的究竟是什么？也就是找准培养学生的方向。这就像种子一样，自己必须知道这粒种子种在学生心田里，会如何发芽，开花，最后结出什么样的果实。目标清晰了，教师才能不断地调整自己的教育行为，按照教育的规律来办事，才会永远走在一条正确的道路上。

因此，摒弃抱怨的恶习。你想收获"豆"吗？只要你开展的都是"种豆"的行为，方向对了、策略准了，收获的自然也就是"豆"了！

痴迷方能成大器

这几天虽然工作比较忙，但我还是忙里偷闲，把案头的那本《走进王文丽》读了一遍。认识王文丽老师是在十几年前在北京举办的一次教研活动上，我偶然听了她的一堂公开课，立即被她的“自然、亲和、醇美”的教学风格所吸引。虽然没能真正认识她，但她的那堂课一直留在我的记忆中，挥之不去。2003年，《教师之友》杂志有一个征文，题目是《四月二十四日》，旨在通过写教师普通的一天，折射出他们的生活状态。因为正在“非典”期间，我便把自己的一些经历写了下来，没想到被杂志采用了。更巧的是，我和王文丽老师的文章被登在了同一页上。前段时间到北京出差，泡在王府井书店时，我惊喜地发现了这本书，便立刻买了下来，有一种如获至宝的感觉。

细细读着她的文字，阅读着她的人生经历，沉浸在一种美的感受当中，我渐渐悟到：痴迷才能成大器。

无疑，王文丽老师是痴迷于语文教学的。因为对语文教学的痴迷，她的成就越来越大，她的教学越来越受到学生的欢迎。而她自己，也在学生和同行们的心目中变得越来越美丽、动人。

古希腊哲学家泰勒斯抬头观望星辰时，掉进一个坑里，有人拉他出来，他说：“明天有雨”。第二天，果然下雨了。有人嘲笑他，说他虽然认识天上的星辰，却看不见自己脚下的东西。黑格尔说，只有那些永远躺在坑里，从不仰望高空的人，才不会掉进坑里。

显然，泰勒斯对天象的准确推测，正是他痴迷于观察、用志不分的结果。假如他既望天空，又观脚下，一心二用，虽无掉进坑里的危险，却也未必能成为著名的天文学家、气象学家。

古人云：“性痴者其志凝。”这里的“痴”则是用心专一、用志不分的体现。唯有用心专一者，才有可能潜心钻研，钻到极处，才有可能获得成果；也唯有用志不分者，才有可能坚持不懈、废寝忘食，直至成功。

自然科学领域是这样，社会科学领域也不例外。魏书生老师当了校长，还要坚持当两个班的班主任，他成了教育家；李镇西老师给自己定下了“五个一”工程，坚持不懈，他成了教育大家；小小的重庆女孩子王君每天坚持写3000字、跑3000米，这成了她雷打不动的习惯，她参加工作十几年，光是论文就发表了100多篇，成了一颗教育界的新星。这一切不都源于痴迷吗?

教育改革走到今天，更需要能够倾情投入的人。教育需要的不是急功近利、急风暴雨式的突变，而是不露声色、“润物细无声”、循序渐进式的渐变。这就更仰仗于一群怀揣梦想、虔诚地追求教育改革的实践家，他们能痴迷于管理、痴迷于课堂、痴迷于对学生成长规律的研究，如此，教育才会摆脱浮躁，变得沉静而美丽。

若一个人用心不专、一心二用或一心多用，他就很难在某个领域真正有所成就。真希望自己能从“王文丽”们身上多吸取一点力量，抛开那些烦琐而无意义的生活贪图，减少对生命的挥霍，多做点什么，从而对得起自己的人生，对得起自己的灵魂!

说说“站着说话不腰疼”

2008年4月10日，我在博客上写了一篇叫作《如此“青出于蓝”》的文章，结果反响强烈，其中一位网友写下了这样一段评论：

某些现象确实存在，但你未免站着说话不腰疼，看看老师的工作强度和压力就知道他们每天把精力放在什么地方了。因为导向出了问题，观念出了问题，现在的教育真的是不道德的教育，包括对教师的教育也是不道德的教育。

一篇有感而发的博文，引发了众多教师的感慨，应该是件好事，总比没有回应、静如死水、麻木迟钝要好得多。发表评论的人代表了一部分教师的观点，也代表着目前教育界的某种流行情绪。可网友评论说我是“站着说话不腰疼”，我不敢苟同。

首先，我跟所有老师的姿态是一样的，或者都是“站着”，或者都是“趴着”，甚至“卧着”“跪着”之类，并无两样。如果非要把彼此划分成两类，甚至成为对立面，成为“猫”和“老鼠”的关系，就失去了彼此交流的意义。这就如同老师和学生的关系一样，在角色上虽有区别，但从人的本质上则完全一致，没有丝毫两样。如果总善于把自己从某个队伍中割裂出去，是否也意味着教师在以教育者的姿态出现时，也理所当然地割裂了和学生之间的关系？

其次，我何尝“不腰疼”？也许正是感觉了“腰疼”“腿疼”，甚至是痛不堪言的“心疼”之后，才会说出这样的一番某些人认为“过激”的话来。可惜的是，就怕说话的人“腰疼”了，但听话的人却无动于衷、没有痛感，这才是最可怕的。其实，不管教师在教育中充当什么角色，教育的现状让每一个有“腰”的、还想挺立着的人都该“疼”了，这样教育才有希望。

当然，这种反应我能够理解。谁也不愿意承认自己是有错的。小孩子受了批评还会嘟着个嘴表示抗议呢，更何况成年人呢，他们有自己的价值观，更不愿轻易否定自己。所以，在社会舆论的压力下，也很少有人轻易承认自己的错误，除非是秃子头上的虱子——明摆着的。不过有一个道理是显而易见的：一个人只有不断地反思自己、改进自己，能够听进与自己意见相反的人的话，才会不断进步和成长。否则，只能原地踏步甚至倒退。在讲给学生这个道理时，很多教师都是眉飞色舞、指手画脚的，可为什么一回到自己身上就失效了呢?

人处在社会中，总有一个相应的位置，这个位置决定了他的权利和义务，也决定了他得接受你必须接受的东西。所以，应该明白，“挨骂”也是常有的事，何况是“温文尔雅”式的劝慰?每个人都要有心理准备和足够的心理承受能力，那些发话者不管会不会打击你脆弱的心灵，用赵本山大叔的一句话，“残酷的事实已经直逼我们的心理防线了”，你能做的，只能是积极地回应，而不是躲闪，嘟嘟囔囔发牢骚。

话又说回来，我只是在行使我的“话语权”，我并没有奢望能够一针见血地改变什么。因为我知道，谁也无权要求别人和自己一样生活和思考，这就如同旅途一样，总会有不同的岔路口摆在面前，人们根据喜好来进行选择走哪一段路。

唯一遗憾的是，面对事业上的不同抉择，鲜有殊途同归、皆大欢喜的结局！当路走到尽头，面对鸿沟和沼泽的时候，再后悔就晚了！

因为人生，永远不能重新来过！

想想咱的老师们

这个学期的青年教师论坛确定的题目是“我的老师”，之所以安排这样一个题目，出发点无非有两个：一是通过讲述自己老师的故事，继承和发扬老师身上的那些优点，并将其“嫁接”到自己的教育行为中，让这些宝贵的财富不要白白地遗失；二是借助这样一个活动，促使老师们都想一想：若干年后，自己要以何种形象出现在学生的回忆中？

我很感动于老师们所讲的每一个小故事，那些看起来有些琐碎的细节并不特别，却独具力量，它们穿越了一个人繁复、枯燥、冗杂的生活经历，经过岁月的打磨，慢慢沉淀了下来，并闪烁着柔和的光泽，温润着人的心灵。

不由自主地，我也想起了在自己成长的岁月中，那些给我以深刻影响的老师：

胡铁树，人如其名，粗犷、不细腻，却在我刚刚上小学三年级的时候就预测我未来一定是个“诗人”，并将我写在田字格上的那些歪歪扭扭的“诗作”贴在外墙上的“橱窗天地”里展览，赋予了我对梦想的无限憧憬……

崔雅庆，一个担任地理教学的成功的班主任老师。他为了解答我在信中写下的疑问，和我在校园外的大树下倾心畅谈两个多小时，让我在懵懂中懂得了如何对待一个群体的良莠不齐，为我的人生开启了一扇理性的大门。

储庆年，一个朴实的民办教师，在讲台上“指挥若定”，在20多年前就用实践造就了所谓“自主”“合作”“探究”的课堂，为我的课堂教学改革之路树立了追求的目标。

张国锋，“执着己见”要求我初中毕业一定要上高中的老师，虽然我最后并没有按照他的要求来选择，我却深深感受到了那份真挚的师爱，他也让我懂得，爱才会让教育熠熠生辉。

袁金辉，一个极具魅力的女教师，用特有的、细腻的语调在全班同学面前朗诵我的散文《家乡的荷塘》，让我终生爱上了文学与写作。

……

虽然当年他们教给我的那些知识已渐渐模糊，但他们和蔼的面容、完善的人格却在我脑海中愈加清晰。教育，到底能给学生带来什么？回想起来，也许当年老师那么多刻意而为之的教育行为并不能为学生所牢记，相反，那些不经意的点点滴滴，也许已经为老师所遗忘，但它们像用刀子刻下的一样，刻在了学生心头，并滋养了学生的一生。

如此说来，完善的人格，对真善美的顶礼膜拜，发自肺腑地对学生、对事业的爱，才是为师的根本。有了这些，教师的一言一行，都可能变成优质的种子，早晚有一天，会在学生的心头，绽放出别样的美丽。

当然，在讲述的过程中，也有人是持着批评的态度来谈论自己的老师的。有人谈到自己的中学老师，因为和她有矛盾，故意把录取通知书藏进了抽屉，不交给她，从而导致她上学遇到了很多麻烦。到现在回想起来，她还耿耿于怀。乍听起来，心里多少有些不舒服：怎么能这样评价自己的老师呢？可仔细回味一下，心中却也释然了。

作为学生，难道只能记住老师优秀的一面吗？在召开家长会时，很多老师都有这样一种想法：孩子不能在家长面前说老师的不是，否则不利于孩子成长。其实，这个观点很值得商榷。在这样一个开放的时代，学校的“奴性”教育早就该休矣，所谓善意的、欺骗式的教育往往也会让学生分不清状况。学生难道不能客观地评价自己的教师吗？假如一个学生无缘无故地遭受了老师的冷言冷语，心里自然会有莫大的委屈、太多的迷茫，老师是不是可以让他明白，老师对他莫名其妙的不好，未必都是他的错误，也许是老师自身也有问题。不是所有的老师都真正懂得教育，不是哪个老师都真的清楚什么是“老师”，更不能要求每个老师宽容、温和、有智慧、充满爱意。这样说起来也许会让老师心里比较纠结，但仔细想想，不是如此吗？老师不是神，也仅仅是一个人而已。但凡是人，就难免犯错误。怎么能够奢望他们做的事情是百分之百完全正确的呢？既然可能犯错误，就不要奢望学生只看到老师的优点，却不能指出其缺点。只要让学生懂得尊重每位老师，又何必惧怕学生中肯地评价老师，何必担心学生敢于并善于对老师不恰当的语言及行为说“不”?

让老师畅谈曾经教过自己的老师的不足，其实就是为他们自己找一面镜子，发现自己教育行为中点点滴滴的缺陷，并努力改变之。当所有学生都成为折射教育行为真伪的镜子，教师自然会快乐地走在正确的道路上了。

“付出”与“回报”

最近常常在思考“付出”与“回报”这样一个非常俗套的话题。为什么我会纠结于这个话题呢？因为我经常看到身边的人由于对“付出”与“回报”的理解出现偏差，便苦恼、压抑，甚至出现过激的行为。直接的结果就是造成了心态的失衡，造成了自己的不幸福、不快乐。说实话，每每看到这样的故事在身边重复，我都替这些人感到难受和着急。

总结这些人心态失衡的主要原因，无非就是一点：自己的付出没有得到应有的回报，由此会感到委屈、不平。

一分辛苦一分收获，是不是这世上的付出和回报永远都是对等的？显然不是。你付出十分，未必能收获十分的回报，你为之付出最多的人，往往不是给予你最多的人。作为教师这个职业，这一点就体现地更为明显。教师也许对某一个学生倾注了很多感情，最后却发现，这个学生并不理解、不接受，更别提心存感激了。于是，很多老师心理就不平衡了，开始怀疑和否定很多东西。我们常说，教师要有奉献精神，这句话该怎么理解？我想，教师不能奢望自己所教过的学生都对自己感恩戴德！如果教师非要钻这个牛角尖，觉得学生就该如何如何，不这样的话教师心里就不舒服，甚至烦恼、气愤，那对不起，教师也就很难从教师这个角色中获得更多的幸福感了，因为事实往往会让教师失望。当一个人付出真心的时候，是不会一心想要索取回报的。种瓜得瓜，固然很好。种瓜得豆，也得欣然接受。学生不断成长、不断进步，这本身就值得教师为之高兴。付出本身就是一种收获。看似大道理，实为真境界也。

当然，这么说，并不是要求教师要完全用阿Q精神来安慰自己。作为一个人，还是应该有一种坚定的信念：世界上是没有任何付出没有回报的。只是不要期望这个回报来得那么直接、那么立竿见影就可以了。教师努力了，就得立刻得到家长和学生的肯定，就得立刻让领导和同事刮目相看，就得立刻拿最多的奖金，得最高的荣誉，否则，就会义愤填膺，就会恼羞成怒。如此，最终只能使自己当初纯粹的付出也令人质疑。付出是一个漫长的过程，回报亦然。尤其对教师这个行业来说，更是如此。随着学生年龄的增长，随着他们社会阅历的增加，他们会重新评判自己当初所经历的教育，会重新认识那些在自己生命历程中留下重要痕迹的老师们。只要教师当初真正付出了，若干年后，回报将会以各种形式纷至沓来，这是想挡也挡不住的。

有时候听到一些人在发牢骚，抱怨自己的工资待遇低，抱怨自己没有得到相应的荣誉，等等。每至于此，我不禁想问他们：你到底为自己的单位付出了多少？为学生、为家长做出了多大贡献？你到底在这个群体中发挥了怎样的影响力？一个人不能老是想着别人对自己有多少回报，而应首先扪心自问，自己到底为别人付出了多少。没有付出就不会有回报。既然付出了，该是你得到的，回报迟早会得到；但反过来说，不是你的，你想得再多也没有用。

古人有句话："为者常成，行者常至。"是说一个不断实践的人一定可以成功，一个不倦前行的人一定可以达到目的。在路上的时候，不要因为暂时没有得到应有的收获而心浮气躁，坚持走下去，坚持自己的付出，终点的风景一定会属于你。不是吗？

教育应“有闲”

连续两个月，我的博客几乎一片冷清，只有不起眼的几小段文字零零散散地点缀其间。惹得一些热心的朋友好奇地追问：“最近怎么了？封笔了?”

其实，何来“封笔”之说？不过是我的心被琐碎的生活肆意吞噬而已。

回想从六月底到九月初，这两个多月的生活，如果用一个词来概括，那非“忙碌”莫属。忙得晕头转向，忙到天昏地暗。可是，如果突然被人问起：“你都忙些什么?”竟然一时无语。生命的悲哀莫过于“白加黑”“五加二”之后，却无法说清忙碌的原因和价值所在吧？除去其间到武汉录讲座，在校长培训班、骨干教师培训班讲课和参加培训学习听到几场精彩的报告之外，忽然之间觉得其他的时间都白白浪费了，生命如此平庸、枯燥、苍白乏味，甚至让自己生厌。有人说，“忙”就是“心死”，这不无道理，当一个行走在生活道路上的人，没有了思考，缺少了灵魂的悸动，无异于行尸走肉吧？

忙，似乎成了现代人生活的一个特征。为了事业有成，为了与命运抗衡，行色匆匆、忙忙碌碌，几乎成了人生常态。忙，当然是为了成功，但是，一味的忙，真的有助于成功吗？

曾经读过一个故事：游人看到两处花园，左边的花园杂草丛生，园丁正忙得满头大汗；右边的花园却玫瑰盛开，而园丁吹着口哨，悠然自得。游人不解，向右边花园的园丁讨教秘诀。右边的园丁说，以前我也发愁满园的杂草，可后来发现无论如何费力去拔都解决不好，因为杂草长得太快了，但现在我知道，我不用管太多，只要用心种好玫瑰，一切就都解决了。

这就是方法！

单纯的忙并不能从根本上解决问题，如果只是处于高度疲惫之中，缺乏清醒的头脑、缺乏准确的思路，不仅会造成人心力交悴，相反，很可能会把事情搞砸！

由此想到人的状态。如果一个人没有了闲暇，没有了思考和充电的时间，必然会变得狭隘、无聊。在这样的状态下，人何谈灵性和创造？

其实，教育何尝不是如此？

现在充斥在校园里的、随处可见的现象就是老师变着法地追求“高效”。“高效”本没有过错，但是，如果一味地压榨学生的时间，让学生无时无刻不“行色匆匆”、来去如飞，连吃饭、上厕所都不能拥有一份悠然自得的心境，如此寻觅到的“高效”，是否会让学生的生命变得索然无味？是否会让青春黯然失色？想想自己，不也曾“误入歧途”，给老师们灌输过“把四十五分钟榨出油来”的观念吗？现在想想，这应该是给了老师们“南辕北辙”的导向了。

记得李希贵老师就曾经提出：“教育要有闲暇，要允许学生在校园里有自由自在的玩耍时间。”何谓“闲暇”？我想，就是一个人处在一种自我控制的自由状态。亚里士多德认为：“人唯独在闲暇时才有幸福可言，恰当地利用闲暇是一个人做自由人的基础。”人只有拥有了自由，才会有个性的张扬，才会有生命的独特性，才会成为充满灵性和创造性的人。如果以失去“自由”、失去“闲暇”为手段得到的所谓的“教育”，必然就会失去了本真。教育是心与心的碰撞，种种的迂回曲折、峰回路转，都需要平和的心态，这岂是在起点和终点之间画上一条直线，奢求一下子就抵达目的地那么简单？人要想努力做到让每一刻产生最大的效益，未必需要高度的紧张。人生不是跑百米比赛，而是跑马拉松比赛，让节奏慢一些、稳一些，成功的几率就大大提高了。

行文到此，就想起了孔子游学的情景：“暮春者，春服既成，冠者五六人，童子六七人，浴乎沂，风乎舞雩，咏而归！”在融融春日中，教师带领一群孩子在大自然中畅快地呼吸，多么惬意、多么浪漫。这是一幅多么美好和令人向往的教育图景啊？

己所不欲，勿施于人。失去思考力、失去动笔时间的两个月让我醒悟了很多：一个人的特长如何造就？一个人的个性如何培养？一个人的幸福生活如何找寻？如果总有一种力量将你紧紧束缚，让你动弹不得，生命的多姿多彩必将“成空”！

大气，才能成就大器

这几天接触了太多的人和事，感触颇多，它们也实实在在地影响着我对一些人和一些事的认识。

一个人在生活中的点点滴滴，往往折射出太多的东西。在那些看似不起眼儿的一言一行中，一个人外在的形象也就慢慢凸显出来了。或者换句话说，往往是一些琐碎的行为，决定了一个人的发展高度。

唯有大气，才能成就大器，应该是世间的真理。

“大气”有三层意思：一是指拥有高水平的才识和品德；二是指拥有能容纳不同意见的度量，也即平常所说的宽广的胸襟、气度；三是敢于担当，能够勇挑重担。现实生活中可能会有这样的人，他们虽有知识、有能力，但业绩平平，同事间关系紧张，缺乏挑战困难的勇气，甚至不能很好地开展工作。分析其原因，主要是胸襟不宽，不够大气。所以，一个人要想成大器必须要大气。

教师这个行当更是如此。教育的目的是培养人，培养将来能担当大事的人，也就是培养大气的学生。那么，作为教师，更应具备大气，如此才能完成培养大气的学生这一个神圣的使命。

大气之人不仅有较大的人场，也有较大的气场。大气之人具有一种浑然天成的魅力，这种魅力会让一个人自身散发出迷人的光彩，深深地影响和打动着周围的人。

但凡那些目光短浅、心胸狭窄、只会打自己“一己私利”的小算盘、不能站在更高的台阶上看到事物的人，往往会陷入“小里小气”的境地，久而久之，就会失去周围人的认可，最终损失的恰恰是大利益、大前途。

从一篇文章里看到这样一段话，觉得很好，摘录下来，与大家分享：

大气能滋润心境，让你感受到周围一切都是那么的顺心，从而增强你的工作激情；

大气能开阔眼界，让你能从更多视角来观察和分析问题，从而提高你的工作能力；

大气能减少烦恼，让你能心情舒畅地投入学习与工作，从而提高你的工作效率；

大气能提升品位，让你能站在更高的平台上激发潜能和展示自己，从而提高你的工作业绩。

退一步说，即使不能成“大器”，“大气”本身就是一种修养、一种境界。对一个渴望精神富庶的人而言，必以追之而为乐！

我的起点是“零”

相传很久以前，知了是不会飞翔的。一天，它看见一只大雁在空中自由自在地飞翔，十分羡慕，于是，它就请大雁教它学习飞翔。大雁高兴地答应了知了。学习飞翔是一件很辛苦的事。知了怕吃苦，一会儿东张西望，一会儿跑东窜西，学得很不认真。大雁给它讲怎样飞，它听了几句，就不耐烦地说：“知道了！知道了！”大雁让它多试着飞一飞，它只飞了几次，就自满地嚷道：“知道了！知道了！”秋天到了，大雁要到南方去了。知了很想跟大雁一起展翅高飞，可是，它扑腾着翅膀，却怎么也飞不高。这时候，知了望着大雁在万里长空飞翔，十分懊悔自己当初太自满，没有努力练习。可是，后悔已经晚了，它只好叹息道：“迟了！迟了！”

在我们的身边，有多少这样的“知了”，就有多少这样的“迟了”。自满使人目光短浅、安于现状；懈怠使人故步自封、错失良机。

知识，对一个人而言，是永远学不完的。作为教师，一定要认识自身具备的知识与能力，否则，当走上讲台的时候，你就会发现自己的“内存”远远不足。时代在发展，社会在进步，作为一名老师，如果不能拥有“归零”的心态，不能随时保持一个学习者的姿态，就会在竞争中丧失优势，不免被淘汰。

古时候有一个佛学造诣很深的人，听说某个寺庙里有一位德高望重的老禅师，便去拜访。老禅师的徒弟接待他时，他态度傲慢，心想：我是佛学造诣很深的人，你算老几？后来老禅师十分恭敬地接待了他，并为他沏茶。可在倒水时，明明杯子已经满了，老禅师还在不停地倒。他不解地问：“大师，为什么杯子已经满了，还要往里倒？”大师说：“是啊，既然已满了，干吗还倒呢？”禅师的意思是，既然你已经很有学问了，干嘛还要到我这里求教？

这就是“空杯心态”的起源，其象征意义是做事的前提是先要有一个好心态。如果一个人想学到更多的学问，他就要先把自己想象成“一个空着的杯子”，而不能骄傲自满。

一个人不归零就不会获得持续性的发展。只有心态归零人才能快速成长。如果你要喝一杯咖啡，就必须把杯子里的茶先倒掉。否则把咖啡加进去之后，就茶也不是茶，咖啡也不是咖啡，成了四不像。归零的心态就是一切从头再来，就像大海一样把自己放在最低点，来吸纳百川。归零的心态就是谦虚的心态，要去掉缺点，吸取优点。不要倚老卖老、自以为是。有句话说得好：“谦虚是人类最大的成就。”谦虚让人得到尊重，就像麦穗一样，越是饱满的麦穗，越是弯着腰。

学习是储备知识的唯一途径，知识能给梦想插上腾飞的翅膀；学习是给自己补充能量，先有输入，才能输出。成功的过程就是学习的过程。尤其是在知识经济时代，知识更新的周期越来越短，过时的知识等于废料，一个人只有不断地学习，才能不断吸取能量，才能适应社会的发展，才能生存下来。人要善于思考、善于分析、善于整合，只有这样才能创新。

读万卷书不如行万里路，行万里路不如阅人无数，阅人无数不如名师指路。21 世纪是一个“学习、改变、创业”的世纪，在 21 世纪，一个人要征服别人，必须用到知识。教师是学生的榜样，为了给学生一碗水，教师只拥有一桶水是远远不够的，还要多读书，要活到老学到老。

当人时刻拥有了“零起点”的心态，那么离着成功就越来越近了。

天不变，道亦可变

最近跟几位年轻老师聊天，我看出了一点消极、一点无奈。他们无不在感慨：若升学制度不变、社会环境不变，教师，永无出头之日！

仔细琢磨，在这样的论述背后，恰恰暴露了中国古代的一个哲学观点：天不变，道亦不变。这是中国西汉董仲舒的一个哲学命题。董仲舒认为，封建社会的最高原则是由天决定的，天是永恒不变的，因而按天意建立的封建社会之“道”，也是永恒不变的。他以“天不变道亦不变”来论证封建制度和君主统治的合理性和稳定性，后来这一论点成了束缚人们的精神枷锁。很显然，这个观点违背了过程论，是用静止的眼光分析问题，属于形而上学的观点。

没想到的是，部分老师的头脑里也掺杂了这样的思想。说白了，就是屈服于环境，不会尝试通过自己的努力来改变，而一味地为自己的懒惰、浅薄，人云亦云、不思进取地找借口。

人处在一个客观世界里，的确受种种因素的影响，而这些因素，以自身的力量并不能改变。譬如，升学的压力，在中学阶段尤为突出。因此，人们就常常抱怨教育体制不合理，人才选拔的方式有问题，但教师个人能够改变吗？譬如，社会风气不好，社会、家庭对老师的要求近乎苛刻，虽然觉得这很不好，但个人能够改变吗？如果我们苦恼于无法改变的一些东西，只是梦想着有一天社会能改变、环境能改变来适应我们自己、来“解救”我们，无异于痴人说梦！

这让我想起《谁动了我的奶酪》一文中的两只小老鼠，当奶酪消失，无忧无虑的生活不在的时候，一只小老鼠抱怨、失落、痛苦不堪，等在原地，直到死亡来临；而另外一只小老鼠则在无法改变的客观事实面前，没有悲观和失望，而是积极寻求改变，马上开始了寻找新奶酪的旅程，结果重新得到了快乐和幸福的生活……其实，这个道理对教师不也一样吗？不要相信“天不变，道何以变”，更不能打着这样的旗号为自己的消极和倦怠找理由。教师唯一能做的，就是改变自己，通过自己的改变来适应社会的需要、环境的需要、工作的需要。

我跟某位老师谈起这个观点时，她很苦恼：“其实这个道理我也懂，我也很想不去顾及那些外在因素，把教师这一行干好。看到优秀的老师们取得的成绩，以及获得的尊重时，我自己也很羡慕。可是，轮到自己了，却觉得千头万绪，根本没法在提升自己上做些什么，于是忙忙碌碌、浑浑噩噩，日子就这么一天天耗过来了。而自己，却不见任何起色。”

我很感谢她跟我说了这些发自内心的话。其实，这不仅仅是她一个人的想法，而代表了很多人的想法。她向我征询破解这种状态的“秘方”。我说，如果说有“秘方”，那只有一句话：行动起来最重要。

科学家卡莱尔曾经说过：“要迎着晨光实干，不要面对晚霞幻想。”这句话形象而准确地告诉我们一个道理：人不能只沉迷于美好和远大的理想之中，还应该付出比别人更多的努力！众人皆知，束缚于理想之中而不去奋斗的人，只能是一个碌碌无为的平庸之辈。理想虽然是美好的，但却是虚拟的。要想使其成为现实，就必须经历磨难。然而，在现实生活中，很多教师虽然胸怀“豪情壮志”，渴望在教育这个舞台上作出突出的业绩，却只知整天在外夸夸其谈，从不顾及现状，一遇到困难就退缩，简直就是在虚度年华！尽管他们的理想是“丰满”的，但不愿因此付诸行动，志比天高但行如风沙，最终理想只能化作泡影。

管建刚老师曾在《重要的是行动》一文中诚挚地告诫广大的年轻教师：“每个教师都可以成为一名优秀教师，重要的是目前的你需要付出行动。”他对“行动”作了具体的阐释，主动阅读——老师要想把知识源源不断地传授给学生，自己就得是“源头活水”。阅读是与智者对话的过程，它可以使自己得到反思、更新自己陈旧的理念、提升自己的能力；主动写作——写作的过程，就是反思、审视、提炼、升华自己的过程。一个老师如果不想做一辈子的教书匠，想让自己的声音传得更远，使自己在获得报刊上的发言权的同时，还获得生活中的发言权，就不能轻视写作；主动反思——当我们踽踽前行在教学道路上时，不要一味地埋头向前，而应该像印第安人一样，隔一段路就坐一会儿，好让自己的灵魂赶上来，避免灵与肉的分离。当反思的羽翼渐渐丰满，教师就可以与学生一起乘万里风，在思想的天空自由翱翔；主动实践——一个老师有了先进的理念，却不主动去实践，那理念就只是停留在头脑中的文本。只有当自己的思想在别人与后人的大脑中生根开花结果，其思想才会得到尊重，得到增值。教师只有采取最合适的方式，科学有效地给予学生思想方法，提升学生思想素养，教学才可以算是功德圆满。

美国作家爱默生说："没有行动，思想永远不能成熟而化为真理。"只有在快而主动的行动中，才能获得追求真理的愉悦，只有快乐的工作，才是卓有成效的。

积极行动起来，至于能走多远，谁也不可能给一个明确的答案。但是，我坚信：只要有梦，只要勇于突破现实的壁垒，只要在行动，我们就会不断前行。只要不断地前行，我们就会实现自己的梦想。

要建立良好的人际关系

北京大学校长许智宏说过，不管从事什么样的工作，都需要学会尊重他人，学会怎样与别人合作，要学会在群体中发挥自己的作用，也发挥别人的作用。美国心理学家卡耐基也指出，一个人事业之成功，30%取决于他的才能，而另外的70%则取决于其交际能力的大小，即是否与人、与人群进行十分妥善的协调。

这个道理也适用于教师。在搞好教育教学工作的同时，教师还要注意处理好与社会、学校、学生、家长的人际关系。

对待领导最重要的一点就是尊重。尊重领导最重要的表现就是工作不拈轻怕重、不怕压担子。作为学校的领导，在考虑问题的时候必然更多的是考虑全局，必要时，会牺牲一点个人的利益。领导下派给员工的任务，必然是经过了深思熟虑、权衡利弊的。给任务的同时也就把机会给了员工，不管是重要的任务，还是次要的任务，员工都要努力完成好，千万不能挖空心思找种种借口、种种理由推脱。不要轻而易举地说“我不行”。即使面临的任务确实有一定的困难，也要毫不犹豫地先接下来，再去想办法。一个没有能力、没有魄力的人，是不会赢得领导的信赖和尊重的。在工作中，要多看、多想、多问，不怕吃苦，不计报酬。在这个世界上，没有任何付出是没有回报的。不要目光太短浅，刚做一点事情就要报酬、要待遇。这样的话，自然会失去工作上应有的地位。对学校工作，不要品头论足、指手画脚，特别是学校的政策一经实施，更不能背后说些偏话、怪话，以免蜚短流长。

同事之间要团结合作。一个良好的教师集体是保证学校完成教育任务的必要条件，也是教师充分发挥其聪明才智的保障。与同事交往时，应该做到诚恳而不虚伪，随和而不固执，热情而不冷漠。少一点埋怨，多几份理解和信任。如果和同事之间出现了什么误会，也要立足于检讨自身存在的问题，这样才能保持融洽的关系。要多向老教师虚心学习，那将会使你得到更多的经验，少走很多弯路。跟同龄人要相互信任，过去说同行是冤家，其实未必，关键看每个人怎么去做。如果在工作中所有人一直处于相互帮助、相互补台的状态，同行之间就会成为合作伙伴，就会成为彼此发展的助推器。老师们也不要太羡慕教务、后勤、政教等处室的老师，这只是每个人的分工不同而已。严格地说，学校这个大舞台上只有两类人，一类是教师，一类是学生，而其他人，不过是构筑舞台的支柱罢了。

与家长打交道往往是部分教师的弱项。应该说，教师与家长在培养孩子的目标上是一致的。但这并不表示，教师的所有做法都能够得到家长的支持。我们经常会见到家长和教师因为学生的问题发生争执，甚至大打出手。这里边不排除家长文化素质较低的因素，但作为教师，更应该从自身找原因。在处理学生问题时，教师应该始终站在维护学生利益的立场来分析问题和看待问题，防止因情绪激动而做出过激行为。问题学生、问题家长总是存在的，教师要善于“保护”自己，本来出发点是好的，但最终得不到家长的理解和支持，甚至授人以“把柄”，被家长抓住工作中的失误不放，最终导致问题的“升级”，甚至错误被放大，是得不偿失的。不要动辄就“请”学生的家长来谈话，甚至训斥家长，这样会让家长产生腻烦心理，老师的威信也会降低。也不要把跟家长的沟通直接演变为单纯的“告状”。另外，就是教师不能向家长“伸手”，主动地、被动地接受家长礼品，都会使教师的形象变得俗不可耐，从而失去教育力。教师和家长沟通要遵循一个准则：为学生创造更好的生存和学习环境，为自己实施教育行为求得更多的支持。永远不要把家长当作自己对学生实施惩罚的“武器”，久而久之，这样的做法必然会失去家长的支持。

再谈学习

“继续学习”无非有两种类型：一种是被动学习，另一种是主动学习。被动学习是一种迫不得已的、应时即景式的学习，如上级要求小学教师达到大专学历，初中教师达到本科学历，高中教师向研究生进军，于是乎，各个方面一起动了起来，轰轰烈烈的三五年工夫，大功告成，也就万事大吉了；再如教师培训、校长培训，一轮又一轮，一届又一届，培训的目标含糊、不切实际，接受培训者也漫不经心，敷衍了事。如此学习，自然，效果也就微乎其微了……

而主动学习就不同了，它是源于一种对事业的执着追求，对自我的深刻反省，是事业、工作的需要，也是自身内在的需要。有了这种需要，教师就会主动地、自觉地去学习，从而使自己的思想水平、文化水平、业务水平不断得到提高。像徐特立、魏书生等老师，他们在平凡的教育岗位上，硬是靠自己的顽强毅力，不间断地学习，最后都成了赫赫有名的教育学家。

主动学习来源于一种对事业的执着追求、对自我的深刻反省，这样的人就有一种很高的精神境界。那种没有远大志向、糊里糊涂、得过且过、做一天和尚撞一天钟的人是永远他们也不会去主动学习的，也不会体会到学习的乐趣。

可能有人说，学习嘛，可平时工作太忙了，没时间。那就错了，时间是挤出来的，就像海绵里的水，要挤，总是有的。通过学习，人的工作效率提高了，时间就充足了。不学习，低水平，事倍功半；常学习，高水平，事半功倍，道理就这么简单。

当然，学习是比较辛苦的事情，但是，随着时间推移，你会从学习中尝到甜的味道。学习是先苦后甜，苦在其表，甜在其中。热爱学习的人都乐此不疲，体会深刻。

诚然，通过不断学习，教师形成一种能力，才能教好学生，才能为社会培养合格人才。如果把学习这个问题再普遍化，要会学习，要讲究学习方法，未来社会的文盲不是不识字的人，而是不会学习的人。

之所以写下这段文字，是源于自己在邯郸参加的“英特尔未来教育核心课程项目校长领导力论坛”。来自河北省的大约40位校长参加了该培训，其中不乏比我还要老的“老人”。但大家的认真劲儿却值得称赞。学习场面用“热火朝天”一词来形容毫不夸张。用一个女校长的话就是“似乎又回到了童年的学习时光”！我们的学习合作组口号是“我论故我在”，旨在通过认真思考讨论，在很多问题上取得更大的收获。白天一整天的学习很辛苦，晚上也要学习交流，但大家并未感觉到这是一件痛苦不堪的事。我想，学习应该就是这种状态吧。

静下心来学习，真的是这个世界上最快乐的事！

怎样参加培训才有效

越来越多的培训开始进入教师的生活，如国培计划、省市级骨干教师培训、骨干班主任培训、新教师培训，等等，这样的培训是层出不穷。要说，教师能参加培训真的是一件非常好的事情，它可以让教师换换脑子，从疲惫的工作中跳出来，站在另一个高度来重新审视自己的观念和行为，这是充电和激发热情的重要方式。但是，很多教师也有很多无奈，主要表现在：在培训时往往热血沸腾，总想着在工作中要如何去调整和改变，可回到实际的工作岗位上，面对浩如烟海的繁琐工作，那些想要有所改变的想法便销声匿迹了，一切还是如常。有时候一些老师听专家讲起一些观点，觉得这是一次和真理亲密接触的机会啊，于是在笔记本上写得密密麻麻，准备要循着此路大干一场，可稍微不小心，就又跑回原有的工作轨道上去了，至于那个写满“真经”的笔记本，也不知道塞到哪个角落里去了。

这种现象在教师群体中并不鲜见，甚至是常态。于是，虽然大量的人力、物力投进去了，培训者费尽口舌，被培训者费时费力，可实际的培训效果却并不显著。

什么样的培训才最有效？

其一，培训者应有明确的培训对象意识。这就像教师在课堂上给学生讲课一样，学生的知识层面、能力层面如何？学生最需要接收什么信息？最容易接受的方式是什么？对这些内容，讲课教师要一清二楚，这样才能选准教学内容和教学方式，才能对症下药。培训同样如此，受众群体的身份是什么？他们最渴望得到的资源是什么？培训者首先要能够把握这一点，才不会犯下对牛弹琴的毛病。

其二，培训的内容要接地气。培训的目的是什么？就是为了解决教育现状中存在的问题。教师在实际工作中最大的困惑是什么？培训者要据此设计培训内容。譬如，若教师对职业本身缺乏认同感，培训内容就应该着力于提升教师的职业幸福感；若教师自身的教学基本功底有问题，则要进行教学技能层面的培训和培养。这样的培训内容才来自于教师，才有地气，教师学起来才“解渴”。因此，有权力制订培训计划的部门要肯于深入一线，了解教师的真实想法，以免培训高高在上、空洞无物。

其三，受训者要有遴选和甄别的意识。培训专家即使在培训中带来了“真经”，这样的“真经”也不一定就是放之四海而皆准的真理。地域差异，校情不同，很难有完整的经验能够照搬过来就万事大吉了。有些原本平时工作和管理很有思路的人，在听了很多专家的讲座以后，觉得每个人讲的都很有道理，觉得每个专家讲的管理思路都非常好，于是就到处借用、套用，到了最后本来属于自己的思路却没有了，满脑子都是专家的思路。东施效颦、妄自菲薄，往往会使工作方法和技巧脱离实际，于是这样的人处处碰壁。这样的做法显然得不偿失。培训学习就是立足于自身现实的基础上，借鉴他人经验，完善补充，吸收有益的营养成分。因此，遴选和甄别尤为重要。不分青红皂白地、盲目地生搬硬套，注定会种下恶果。

其四，受训者要有行动起来的意识和决心。培训立足于改变，改变依靠的是行动。培训之后，教师不要奢望消化和吸收所学到的全部内容，那是不现实的，也是不可能做到的。但参加培训的教师必须知道：对那些最能让自己有所感触的地方，一定要在教学实践中尝试一下。不要做一个理想教育的空想者，要做实践家。在行动中体验、反思，经历成功或者失败，这都是促使培训效益最大化的必经之路。只要有一个想法、一个做法，为我所用，纳入原有的思想、方法体系中，就是最大的收获了。

由“蜘蛛”想到了教师的成长

昨天，学校请到了《羚羊木雕》一文的作者张之路，给文学社的学生讲一讲有关阅读与写作的问题。张老师在报告中提到，一个作者，要能够像蜘蛛一样，要善于将各种各样的小虫子消化好，结好一张网来捕捉灵感，然后吐出晶莹透亮的丝来。这句话通俗易懂、生动幽默，说明了积累与表达的重要性。

不知怎的，我突然就想到了教师成长这个问题。很多教师口口声声地说自己苦恼于不能成长、不会成长，是不是也可以从“小蜘蛛”身上有所启发呢？

说到底，教师成长的力量源泉终究还是来自自己。虽然从上级部门，到学校，都在想方设法为教师搭建越来越多的学习、培训、表现的平台，但毕竟外因要通过内因起作用。一个教师是不是真心要学、真心要提高是关键，不然，在热闹的背后，就是时间和精力的双重浪费。

学习“小蜘蛛”，教师首先要想一想，能够帮助自己“结网”的支点在哪里？每个人都渴望能够有这样一张网，能够将空中飞来飞去的“有效信息”收为己有。但是，如果没有支点，这张网就不可能凭空存在。我没有仔细研究过蛛网，但我想，不论是在檐头，还是在树杈，一张网是至少需要两个支点的。教师成长也是如此，这两个支点分别是“学习”和“模仿”。学习，不言而喻，或通过读书，寻求前人智慧的结晶，给自己以启迪，开阔自己的视野，或向周围优秀的人取经，借“他山之石”来攻自身“之玉”；模仿，就是指不能仅停留在思考的层面，要观察、揣摩别人走路的方法，自己也“走几步”，有可能学得不像，也有可能走得有些踉踉跄跄，可这些都没有关系，关键是迈开步子了，行动起来了，从这个过程中，教师自然就有了收获、有了成长。只有具备了“学习”和“模仿”这两个支点，一个教师，才有可能结起一张为自己不断汲取食物和营养的“网”，也才能促进自己的心智不断成长和提高。

当然，有了“网”并不代表教师就可以一劳永逸了，还要学会“吐丝”。“吐丝”对教师而言，就是一个创造的过程，就是一个在消化吸收之后，孕育出新的思想、新的行为的过程。仅有“学习”和“模仿”这两个支点，教师最多成为一个合格的教师，而永远成不了优秀的教师，更成不了教育家。教师要不断提炼思考的结果、总结行动的得失，要敢于通过各种途径、各种方式发表自己的见解，与其他观点产生碰撞。在这样的一个过程中，教师才会逐渐成熟起来，才会逐渐形成自己的风格。这就像蜘蛛“吐丝”一样：摄入的营养丰富了，转化成更加优质的蛛丝，而这些“蛛丝”就使自己具备了更加牢固的“网”，就能捕捉到更为可口的食物，一切就纳入良性循环了。

如此看来，教师的专业成长并不神秘。像蜘蛛一样，学会自己“结网”，自己“捕食”，自给自足，自己养活自己，还发愁自己原地踏步、停滞不前吗？

懂得"超越失败"

跟一个老师谈起"失败"的话题，她感慨自己在教师这个岗位上的不成功，空有一番热情，却总消除不了失落感。想进行课堂改革，却觉得举步维艰；处理好师生关系，又觉得尺度难以拿捏。总之，话里话外，一个字：难！

这不禁让我想起一个并不新鲜的命题：超越失败！

任何人的成长都不可能是一帆风顺的。一个在事业上一帆风顺的人，一个没有经受失败煎熬和挫折折磨的人，不可能具备强大的心理承受能力；一个没有优良心理素质的人，不可能经得起漫长人生路上的各种压力和考验。而心理承受力是在失败的不断搓揉中诞生、增强的，就像面粉要揉成具有韧性和柔性的面团，放上水后捏，捏一遍两遍不行，要再捏，再揉，捏上百遍，揉上千遍，它就不散并且有韧劲了。人何尝不是如此呢？

我们经常看到教育界的名师、大师们在大型课堂教学观摩会上，没有丝毫紧张与慌乱，而是谈笑风生，妙语连珠，课堂在众人钦佩的眼神中余音绕梁，回味无穷，其精湛的教学艺术令人称道不已。但是，如果你有机会走近他们，如果你能深入了解他们，你会发现，每一位名师都历经过失败的痛苦搓揉。小语界著名特级教师薛法根，屡次提起他年轻时上的一堂公开课，那节课是学校隆重推出的，邀请了三省一市的专家和领导，但他上砸了，砸到自己都不知道怎样走出教室。但是，这次失败让他受益颇多，暴露出的问题让他真实地、彻底地了解了自己，从而找到了前进的方向。失败不仅没有让他消沉，反倒让他拿出了从零开始的勇气，让他静下心来沉浸到再研究中去。每次谈及自己的经历，薛老师都会说起那次失败。从某种意义上讲，正是那次惨痛的失败成就了他。几年前，我读过一本书，名字就叫做《教育有悔》，记录的都是一些名师在成长过程中所经历的失败的案例。在痛苦、悔悟中，我也强烈地感受到了失败带给这些老师们的无穷动力。可以毫不夸张地说，每一个成功者的脚下，都有失败的基石垫着，他们之所以成功，是因为他们站在了那些我们不愿意站的失败的基石上。我们看到他们的成功，而没看到他们的脚下，也曾经和你我一样泥泞不堪。

是的，成功者之所以成功，就因为他们在失败的熔炉里经过冶炼了，因为他们能忍受常人不能忍受的困境，因为他们懂得困境后的“五分钟”就是光明和温暖。作为一名教师，也应该深深懂得，一个没有经历失败的熔炉考验和锤炼的人，即使获得成功，那也难逃“侥幸”之说，难逃最终的失落和失败。此刻或许你正为一次公开课的失败而痛苦，或为自己的一项教改实验没有取得相应的成效而懊悔，或许你的教学论文评比又名落孙山，或许你带的班没有取得理想的成绩，或许你跟家长和学生又产生了似乎看起来不可调和的矛盾，那么你要知道，这是上苍让你在考验中获得优秀的心理承受能力，跨过这一道坎，你将处变不惊，你将从容优雅。不管你经受何种失败，你不会贬值，只会升值，只是这些价值，目前还没有适当的方式和机会展露出来，它需要在下一轮的实践中给你惊喜。

坚持就是胜利。真理，有时候就是这么简单！

方向永远比速度重要
（代后记）

方向是人生的指路牌。歌德说："人生重要的事情就是确定一个伟大的目标，并决心实现它。"目标，也就是理想，是人生的指路明灯。没有了它，人生就失去了前行的方向；没有方向，生活就失去了存在的意义。

从前有一个人，从魏国到楚国去，他带了很多的盘缠，雇了上等的马车，请了驾车技术精湛的车夫，然后就开始上路了。楚国在魏国的南面，可是这个人不分青红皂白，就让驾车的人赶着马车一直向北驶去。他不听别人的指点劝告，仗着自己的马快、钱多、马夫技术好，朝着相反的方向一意孤行地走下去。

其结果可想而知，他的马跑得越快，离他的目的地就会越远。

"南辕北辙"的故事几乎人人都知道，再出色的良马和再高超的驾术也不能让故事中的主人公直奔目的地，因为他选错了方向。可见，方向对于一个人来说是多么重要。拥有了方向，也就拥有了战胜软弱的自信，改变命运的心态，迸发力量的勇气，以及守护信仰的信念。对于教育事业而言，方向同样重要。在当下的教育中，不顾客观规律，不重自身基础，急功近利，渴望立竿见影，成为名校、名师的追求者不乏其人。有对教育梦想的追逐固然不错，但若不肯抬头看路，心浮气躁，盲目用力，结果自然会与原有的目标背道而驰，跑得越快，离成功的彼岸越远。这样的例子也不鲜见。

强调方向比速度重要，其实就是希望每一个身处教育之中的人，静下心来，认真思索，找到正确的前进方向。即使前进的脚步缓慢，那也是在通往成功的路上，也是一种对成功的积累。因此，从教者，确定好自己的目标，不断地反思前行，就能接近或超越名师。如果只是忙于应付，每天只是简单的重复，甚至逆教师行为而为，看似做了很多事，流了很多汗，但也只能收获平庸或苦涩。所以，最重要的不是一个人所取得的成绩、所在的位置，而是他所朝的方向。